Ｊ２昇格ならず
この悔しさを来季に

ホームのサポーターの前でまたしても悲願の昇格を果たせなかった。

ＡＣ長野パルセイロ・トップチームは、昨季からぶれずに継続して磨き上げた「全員攻撃、全員守備」のスタイルで最終戦に臨んだが、結果につなげられなかった。

「『今年は優勝する』と言うのはおこがましい気がするが、チームが一つにまとまり日々成長していけば不可能ではない」。今季の新体制発表会で、指揮官は昇格へ意気込みを込めた。

序盤から苦戦し、一時最下位まで沈んだ昨季。その中で明るい材料だったのは、後半戦で盛り返して５連勝でシーズンを終えたことだ。「選手たちにはあの５連勝から始めようと伝えた」と横山監督。５年目の東も「昨季終盤から（戦い方は）整理できていた。継続できているのが一番大きい」と強調していた。

走力が高い若手を中心に開幕前に16人が新たに加わり、持ち味のハードワークが昨季以上に根付いた。大卒２年目でセンターバックの浦上は全試合に出場し、広瀬らと守備陣を統率。前線から積極的にプレスを掛ける守備が機能し、ゴール前では体を張って守った。被シュート数１７６はリーグ最少だった。

三田がチームで５季ぶりに２桁得点をマークするなど、１試合平均得点はＪ２・Ｊ３入れ替え戦に進んだ２０１４年の１・７６点に次ぐ１・３２点。途中出場で試合の流れを変えた７得点の佐野や、ポストプレーにたけた吉田らも躍動した。

だが、重圧の懸かった最終戦では攻守ともに力を発揮できなかった。あと一歩のところで昇格をつかみ取ることができず、「全部が少しずつ足りなかった。全体的にレベルアップしないといけない」と横山監督。この悔しさを来季にどうつなげていくか。

岩手DFにゴールを阻まれる水谷

悲願届かず！J2昇格逃す

今季最終の第34節で、AC長野パルセイロは0-2で岩手に敗れ、3位に後退してJ2昇格を逃した。通算成績は17勝8分け9敗で勝ち点59。

大一番敗戦 勝負弱さ克服できず

J2昇格決定の瞬間を見届けようと、気温1・4度のスタジアムに駆けつけたのは前節を上回る今季最多の6297人。勝てば自力で昇格をつかめたAC長野は、大一番で勝負弱さを露呈して0-2で惨敗。試合終了の笛が鳴ると選手たちは倒れ込み、スタジアムは大きな虚無感に包まれた。

勝つためには得点が不可欠。5バック気味に引いて守る岩手に対し、敵陣内で揺さぶりをかけ続けて再三のチャンスをつくったが、前半は無得点。横山監督の「前半のうちに先制点を取ることを目指していた」という思惑は外れた。

後半10分に右クロスから相手の1本目のシュートで簡単に失点。40分にはミスから2点目を失った。複数失点は第11節以来となる今季3度目。前掛かりで攻めていたこともあるが、前節まで1試合平均の失点が0・73だった堅守が、大事な試合で破綻した。

ゴール前で岩手DFと競り合う吉田

「変革」途上10番・東けん引

「昇格したら評価される背番号。できなかったので、10番として物足りないと思うし、責任も感じる」。悲願のＪ２昇格はかなわず、今季からエースナンバーを背負う東は肩を落とした。

チーム最古参の5年目。初めて終盤まで昇格争いに絡み、最終戦を迎えた。前半8分、水谷のグラウンダーの左クロスを左足で直接合わせたシュートはＧＫ正面。その後も攻守で懸命に走り続けたものの、最後までゴールは遠かった。

背番号10は昨季限りで引退したＦＷ宇野沢祐次さんが、2010年の加入当初から背負い続けていた。地域リーグやＪＦＬ時代からチームを支えてきたエースから昨季終了後、「背番号10を付けるなら、アズ（東）しかいない」と告げられた。

その言葉を聞いて東は驚いたというが、「今季のクラブのスローガンは『ＣＨＡＮＧＥ！』。自分自身も何かを変えて挑戦していかないといけない」と決意。16年にＪ２のＶ・ファーレン長崎から移籍し、年を追うごとに自覚が芽生えていたこともあり、背番号14からの変更を要望した。

今季は若い選手が多く加入し、30代は東を含めて3人だけ。「練習から一生懸命プレーする姿勢を見せることを意識してきた」。横山監督も「チームのためにハードワークをして、ずっと走っている。今年の長野を象徴するような選手」と信頼を寄せていた。

昇格はできなかったものの、新エースとして1年間チームを引っ張ってきた。「この悔しさを晴らせるように、また頑張っていきたい」と前を向いた。

前半、攻め上がる東

最終節終了後、引き上げる選手に拍手を送るサポーター

小雪舞う中懸命に応援

J2あと一歩

「来季こそ」「変わりたい気持ち見えた」

サッカーAC長野パルセイロのJ2昇格が懸かる大一番となった20日の今季最終戦。長野市篠ノ井東福寺の長野Uスタジアムには今季最多となる6297人の観客が訪れた。小雪が舞い、気温1度前後の寒さの中、サポーターは果敢に攻め込む選手らを手拍子で鼓舞。勝てば昇格という試合に敗れ、「言葉がない」と呆然としつつ、「応援し続ける」と来季に向けて気持ちを新たにしていた。

飛躍を期して今季は「CHANGE!（変わる）」というスローガンを掲げたパルセイロ。サポーター組織「FrentedeNagano（フレンテ・デ・ナガノ）」のコールリーダーで会社員の徳永就大さん＝長野市＝は「生まれ変わろうという気持ちが見え、わくわくしながら観戦してきた。だからこそ、昇格したかったが…」と悔しさをにじませた。

父に連れられ小学生の時に応援を始めて15年余り。新型コロナウイルスの感染防止策で声援が禁じられる中、この日もスタンドの最前列で合図を送り、太鼓や拍手を促し、力を込めて手拍子を送り続けた。

「6年待って、こんなことがあるんだな」。友人と訪れた佐久市中込の会社員、根岸里佳さんは涙を浮かべた。2014年、パルセイロはJ2・J3入れ替え戦で讃岐に敗れ、J2昇格を逃した。そして巡ってきた大一番。わずかな隙を突いた相手チームが2点を重ねたこの日の試合に「選手の方が悔しいはず。どうか前を向いて」とねぎらった。

長野市稲田の会社員、田丸高士さん、美樹さん夫妻は14年の入れ替え戦を香川県まで応援に行った。今年は1歳になる長男も連れて試合に足を運んだ。「選手は頑張っている。私たちは諦めることなく応援し続けるだけ」と力強く話した。

新型コロナの影響で、3カ月以上開幕が遅れ、無観客で始まった今季。無事迎えた最終戦に「今季も楽しませてもらった」と感謝したのは、「パルセイロ仲間」の友人3人と訪れた長野市中越の会社員、小山薫さん。「来年に期待している」と、さばさばした表情で会場を後にした。

悲願来季こそ

サッカーＪ３で参戦7年目。トップチームは、12月20日の最終節で2位から3位に後退して悲願のＪ２昇格を逃し、今季を終えた。終盤まで続いた混戦の昇格争いで2位を維持していながら最後は0-2の敗戦。あと一歩のところで昇格に届かなかった今季を振り返り、雪辱を期する来季への課題を整理する。

逃した昇格へ決定力課題
走り抜き躍進、若手も成長

「まずは見ている人たちに選手たちの熱量やハードワーク、躍動している姿を見せる試合をしようと働きかけてきた。3位という結果だったが、選手の熱量が伝わるようなチームはつくれたと思う」。昨季は一時最下位も経験したＡＣ長野の横山雄次監督（51）は20日の試合後、今季のチームを総括した。

横山監督が2年目の指揮を執り、ベテランが退団して若手が多く加入するなど若返りを図った。東海林強化部長が「3年計画」を掲げて編成した2年目の今季は、若手が経験を積みながらチームの土台をつくり、来季で勝負を懸ける構想だった。その計画は予想より順調に進んだ。「全員攻撃、全員守備」のハードワークが根付き、最後まで走り抜く姿勢を貫いた。若手の成長と躍動も合わさり、終盤まで昇格争いに絡んだ。

結果的に響いたのは後半戦での下位への取りこぼしだ。2位につけていた第23、24節で福島、富山に連敗。第28節では鳥取に敗れると、第29節では過去一度も負けたことがなかった沼津にも敗れた。昇格した相模原も引き分けが多く足踏みしていただけに、勝てば混戦から抜け出せた状況だった。横山監督は「自分たちで混戦にしてしまった」と認めた。

一方で、躍進した最大の要因は堅守の再建だ。1試合平均失点は2018、19年は1点台だったが、今季はリーグ2位の0・76まで改善。4-4-2のブロックを築いて前線から連動したプレスをかけ、相手に攻撃を組み立てさせなかった。攻め込まれても体を投げ出して守り、被シュート数はリーグ最少で複数失点は3度しかなかった。

攻撃陣も連動した崩しからの得点が多く、センターバックやサイドバックも高い位置で攻撃に参加。両サイドからのクロスを軸にして攻め、中盤の三田がチームで5季ぶりに2桁得点を挙げるなど、指揮官が重視してきた「多攻」も昨季よりは改善された。

一方で、来季に向けての課題は決定力だ。特に後半戦で課題となった自陣に引いて守る相手への打開策が乏しく、シュート数に対して得点が伸びな

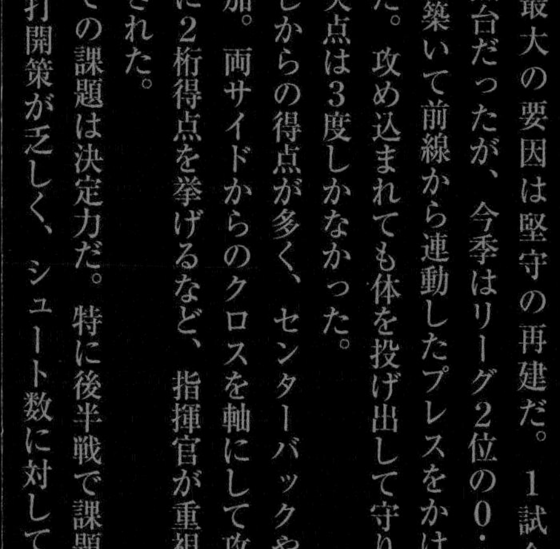

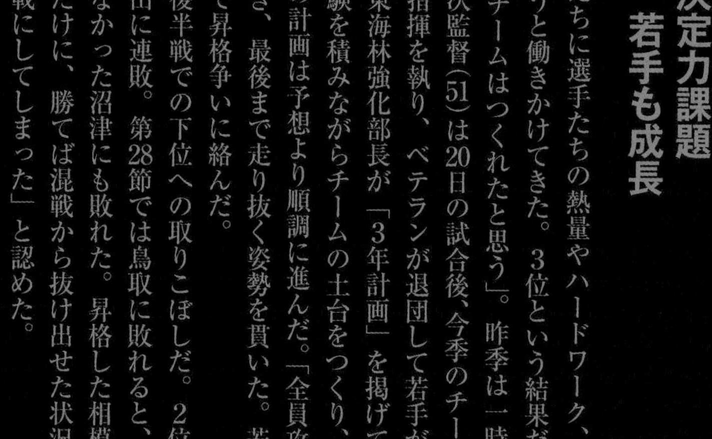

かった。核となるアタッカーの補強は必須。ボランチやサイドバックも手薄で、チーム全体で高さのある選手も不足している。クラブは選手の大幅な入れ替えはせずに今季築いた土台を継続する方針で、ピンポイントの補強でレベルアップを図る。

試されるクラブの総合力
昇格争い集客面で好材料

ＡＣ長野パルセイロはＪ２昇格へ再挑戦するトップチームの戦力上積みに加え、来秋には新設の女子プロリーグ「ＷＥリーグ」にレディースチームが参戦する。新型コロナウイルス禍で今後の見通しが立たない中、来季は経営も含めたクラブ全体の力が試される正念場のシーズンとなる。

今季の明るい材料は、新型コロナの影響を受けた中でもホーム戦の1試合平均入場者数の減少幅を抑えられたことだ。開幕当初は無観客で、第3節から有観客になっても入場者の上限制限が設けられた。Ｊ３全体で入場者数が昨季比で約5割まで落ち込む中、ＡＣ長野は同約8割と踏ん張った。

今季の２４４９人は、Ｊ３では岐阜に次ぐリーグ2番目の多さ。昇格決定の可能性があった第３３節の岐阜戦は５６３６人、最終節は気温１・４度の寒空の下に今季Ｊ３最多の６２９７人が来場した。森脇豊一郎マーケティング推進部長は「今季は昇格争いをしたこともあって、足が遠のいていた方が戻ってきた」と感じた。

それでも新型コロナの影響から、3期連続となる赤字は避けられない見通しだ。来季はレディースがプロチームに生まれ変わって再出発する。これに伴い、スタッフの増員や倍近くかかるとみられる運営費の捻出など課題は多い。

町田善行社長代行兼フィールド本部長は「苦しい中でもスポンサー企業に支援していただいている。どうにか一番（売上高が）良かった時期（17年）に戻していきたい」と強調する。

クラブは12月21日、２０２０年3月に就任したばかりの渡辺淳社長兼ビジネス本部長の顧問就任を発表した。事実上の解任とみられる。若手選手の補強などで今季の躍進を支えた東海林秀明強化部長は契約満了で退団する。新たな体制でクラブの将来像をどう描いていくか。

岩手に０-２で敗れてＪ２昇格を逃した20日の今季最終戦。後半40分に2点目を失ってＪ２昇格が絶望的な状況になると、席を立つ人が多かった。昇格が懸かった時だけではなく、普段から大勢のサポーターに足を運んで応援してもらえることが理想だ。今季終盤の熱気を維持しながら地域に根を張り、魅力あるクラブづくりが求められる。

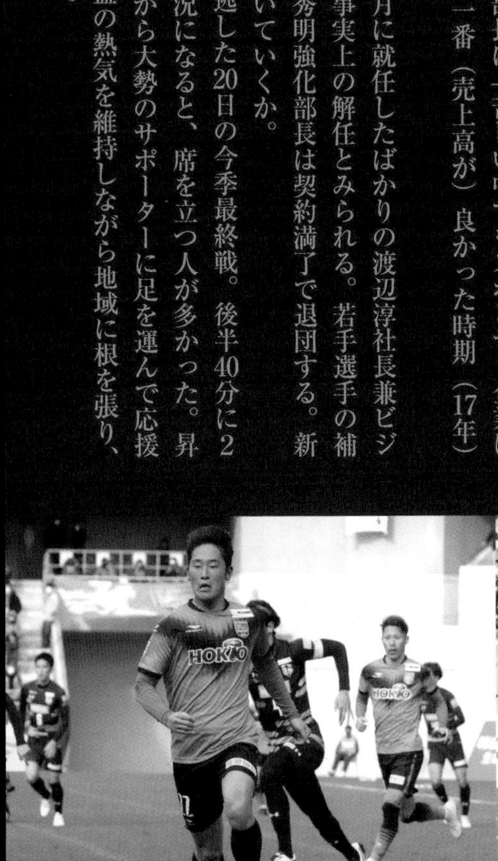

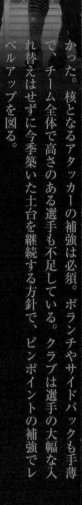

HOKTO
PENALTY
信越理研

横山監督が続投
J2昇格へ「全身全霊で」

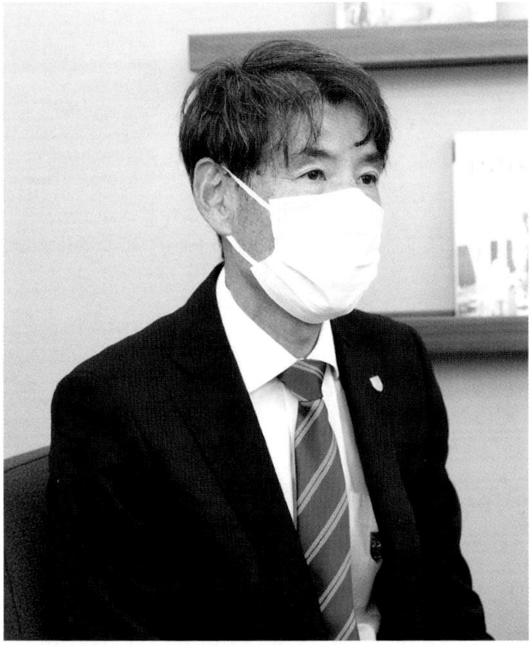

続投が決まって取材に応じるAC長野の横山雄次監督（12月22日）

サッカーJ3のAC長野パルセイロは12月22日、横山雄次監督（51）が3年目となる来季も続投することを発表した。長野市内で取材に応じた横山監督は「（昇格の）期待を裏切ってしまった。サポーターの方たちに応えるためには昇格しかないので、全身全霊で取り組みたい」と決意を語った。

クラブからは10月の時点で続投要請を受けていたが、「昇格争いに集中しようと言い聞かせていた」。終盤までもつれたJ2昇格争いは、大一番となった12月20日の最終節で岩手に0－2で敗れて昇格を逃した。ショックは隠せなかったというが、「来季もう一度引き受けることが、責任になると考えて決断した」と明かした。

新型コロナウイルス禍で過密日程を強いられた今季。「選手たちは本当にハードワークしてくれて、夏場は特にそれが前面に出ていた」と強調。一方で、後半戦では下位や引いて守る相手に勝ち切れない試合が目立ち、結果的に昇格を逃した。「最終節だけではなく、勝負どころの試合で勝ち切れなかったことが大きな要因だと思う。来季はチームとしてのバリエーションを増やすことが目標になる」と話した。

AC長野パルセイロ トップチーム Profile

▶生年月日 ▶身長/体重 ▶血液型 ▶出身地 ▶前所属チーム

王 暁峰 WANG Xiao Feng

GK 31

▶2001年7月1日生
▶186cm/78kg
▶O型 ▶中国湖南省
▶広州恒大

立川小太郎 Kotaro TACHIKAWA

GK 21

▶1997年1月4日生
▶188cm/78kg
▶A型 ▶和歌山県
▶大阪体育大

阿部伸行 Nobuyuki ABE

GK 16

▶1984年4月27日生
▶186cm/80kg
▶A型 ▶東京都
▶ギラヴァンツ北九州

小澤章人 Akihito OZAWA

GK 1

▶1992年8月10日生
▶184cm/80kg
▶A型 ▶埼玉県
▶ブラウブリッツ秋田

横山雄次 Yuji YOKOYAMA

Manager 監督

▶1969年7月6日生
▶177cm/67kg
▶A型 ▶埼玉県
▶栃木SC監督

内田恭兵 Kyohei UCHIDA

DF 18

▶1992年11月5日生
▶172cm/63kg
▶O型 ▶静岡県
▶京都サンガF.C.

広瀬健太 Kenta HIROSE

DF 5

▶1992年6月26日生
▶178cm/75kg
▶O型 ▶埼玉県
▶アルビレックス新潟

浦上仁騎 Niki URAKAMI

DF 4

▶1996年11月11日生
▶178cm/76kg
▶O型 ▶茨城県
▶東洋大

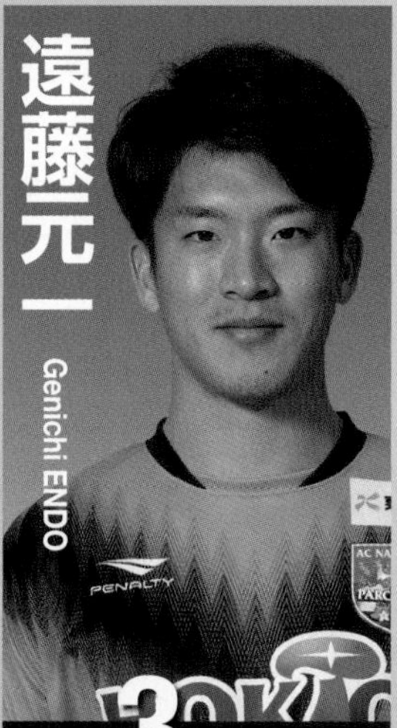

遠藤元一 Genichi ENDO

DF 3

▶1994年9月9日生
▶178cm/74kg
▶A型 ▶北海道
▶産業能率大

喜岡佳太 Keita YOSHIOKA

DF 2

▶1997年10月5日生
▶182cm/76kg
▶B型 ▶東京都
▶新潟医療福祉大

AC NAGANO PARCEIRO

TOP team

藤山智史 Tomofumi FUJIYAMA

MF 8

- 1994年4月23日生
- 168cm/66kg
- O型 ▶三重県
- ブラウブリッツ秋田

妹尾直哉 Naoya SENOO

MF 7

- 1996年8月15日生
- 172cm/60kg
- A型 ▶三重県
- ガンバ大阪

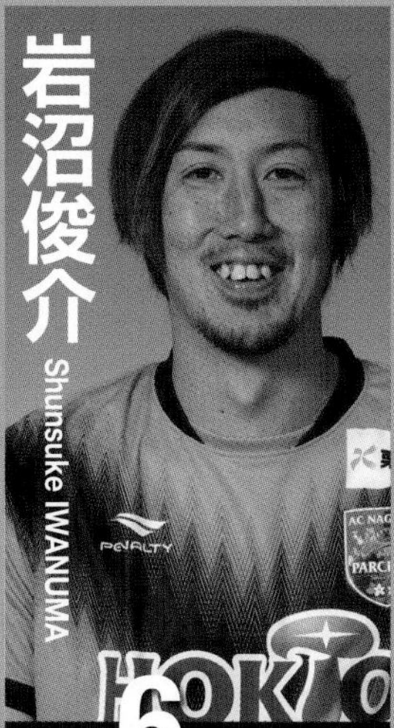

岩沼俊介 Shunsuke IWANUMA

MF 6

- 1988年6月2日生
- 175cm/65kg
- AB型 ▶群馬県
- 京都サンガF.C.

大桃海斗 Kaito OMOMO

DF 26

- 1997年10月28日生
- 181cm/81kg
- A型 ▶新潟県
- 早稲田大

吉村 弦 Yuzuru YOSHIMURA

DF 20

- 1996年5月21日生
- 173cm/68kg
- A型 ▶大阪府
- 同志社大

坪川潤之 Hiroyuki TSUBOKAWA

MF 24

- 1997年5月15日生
- 176cm/72kg
- A型 ▶北海道
- 東洋大

水谷拓磨 Takuma MIZUTANI

MF 17

- 1996年4月24日生
- 162cm/62kg
- B型 ▶静岡県
- 清水エスパルス

三田尚希 Naoki SANDA

MF 14

- 1992年8月16日生
- 165cm/61kg
- A型 ▶長野県
- ヴァンラーレ八戸

東 浩史 Hiroshi AZUMA

MF 10

- 1987年5月15日生
- 168cm/60kg
- O型 ▶宮城県
- V・ファーレン長崎

牧野寛太 Kanta MAKINO

MF 9

- 1997年6月2日生
- 168cm/64kg
- A型 ▶大阪府
- 関西大

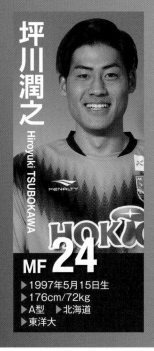

AC NAGANO PARCEIRO
TOP team

佐野 翼 Tsubasa SANO
FW 13
▶1994年10月18日生
▶176cm/73kg
▶O型 ▶静岡県
▶ロアッソ熊本

木村 裕 Yu KIMURA
FW 11
▶1994年6月3日生
▶177cm/73kg
▶B型 ▶千葉県
▶V・ファーレン長崎

上米良柊人 Shuto KAMMERA
MF 38
▶1996年7月2日生
▶167cm/66kg
▶A型 ▶神奈川県
▶SC相模原

小西陽向 Hinata KONISHI
MF 28
▶2001年12月21日生
▶160cm/53kg
▶A型 ▶長野県
▶AC長野パルセイロU-18

藤森亮志 Ryoji FUJIMORI
MF 25
▶1997年4月11日生
▶168cm/63kg
▶AB型 ▶長野県
▶立正大

川田拳登 Kento KAWATA
DF 29
▶1997年7月9日生
▶170cm/61kg
▶O型 ▶埼玉県
▶大宮アルディージャ

大城佑斗 Yuto OSHIRO
FW 23
▶1996年10月19日生
▶166cm/62kg
▶B型 ▶愛知県
▶中京大

吉田伊吹 Ibuki YOSHIDA
FW 22
▶1997年11月1日生
▶180cm/75kg
▶O型 ▶宮城県
▶産業能率大

岡 佳樹 Yoshiki OKA
FW 19
▶1994年4月26日生
▶185cm/80kg
▶A型 ▶大阪府
▶松本山雅FC

佐相壱明 Kazuaki SASO
FW 15
▶1999年6月16日生
▶174cm/67kg ▶O型
▶東京都 ▶大宮アルディージャ(育成型期限付き移籍で在籍)

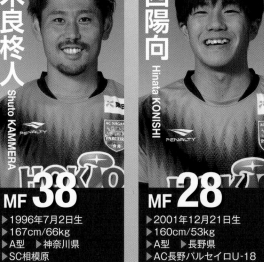

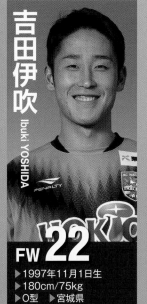

J3 2020成績

■年間順位表

順位	チーム	勝点	試合	勝	分	敗	得点	失点	得失点差
1	ブラウブリッツ秋田	73	34	21	10	3	55	18	37
2	SC 相模原	61	34	16	13	5	43	35	8
3	**AC長野パルセイロ**	**59**	**34**	**17**	**8**	**9**	**45**	**26**	**19**
4	鹿児島ユナイテッドFC	58	34	18	4	12	55	43	12
5	ガイナーレ鳥取	57	34	17	6	11	47	37	10
6	FC岐阜	56	34	16	8	10	50	39	11
7	FC今治	55	34	15	10	9	39	27	12
8	ロアッソ熊本	54	34	16	6	12	56	47	9
9	カターレ富山	50	34	15	5	14	52	43	9
10	藤枝MYFC	49	34	14	7	13	48	44	4
11	いわてグルージャ盛岡	42	34	11	9	14	36	47	-11
12	アスルクラロ沼津	41	34	12	5	17	36	40	-4
13	福島ユナイテッドFC	39	34	11	6	17	46	55	-9
14	ガンバ大阪U-23	35	34	9	8	17	43	55	-12
15	ヴァンラーレ八戸	33	34	8	9	17	42	56	-14
16	カマタマーレ讃岐	31	34	7	10	17	33	52	-19
17	Y.S.C.C.横浜	27	34	5	12	17	37	66	-29
18	セレッソ大阪U-23	25	34	5	10	19	28	61	-33

■年間順位推移表

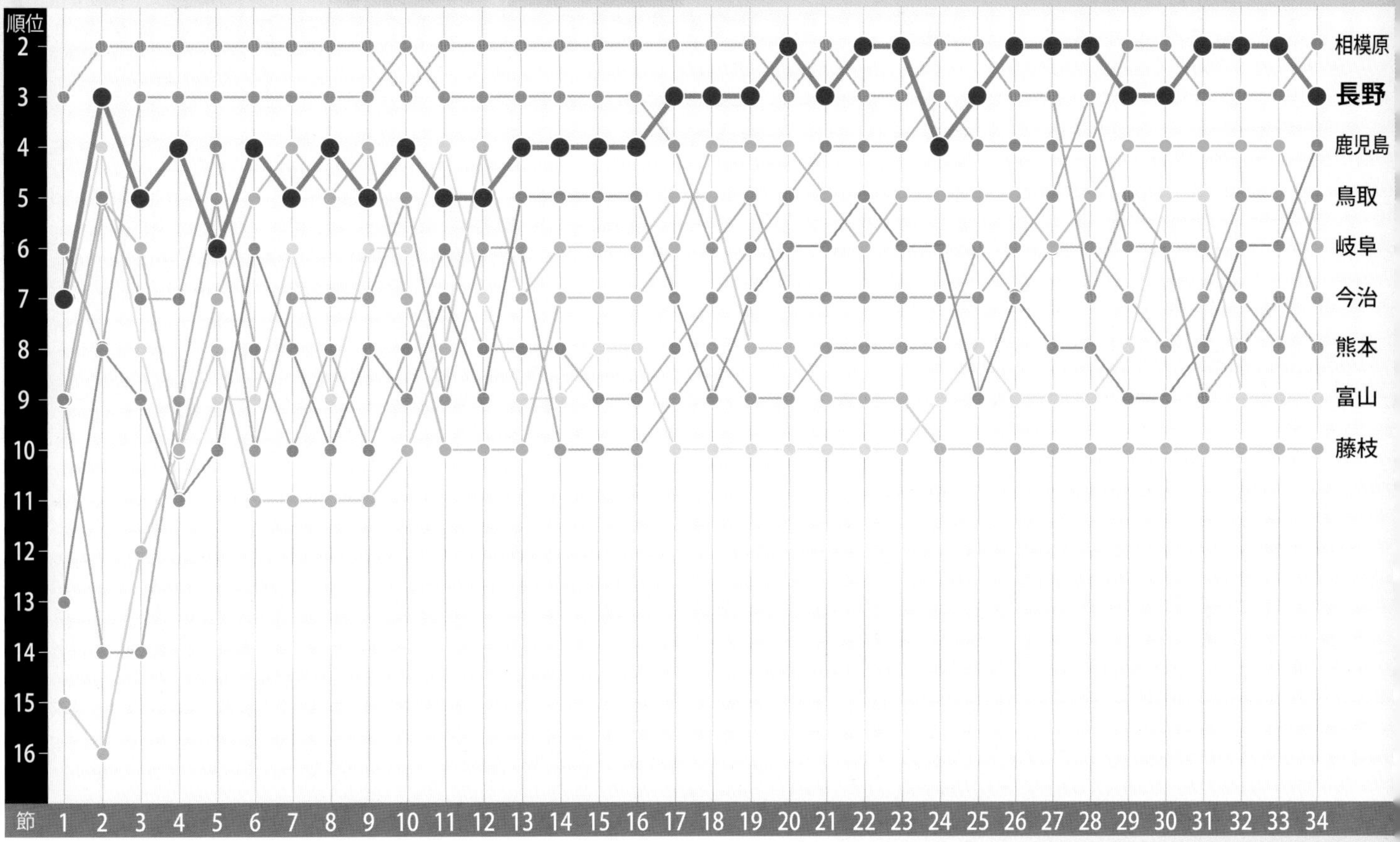

ひじでタッチするAC長野の選手たち

富山 1-1 長野

第1節 6/28 AWAY 富山県総合運動公園陸上競技場

開幕戦 粘りの同点弾

前半16分、富山の椎名に右サイドから左足でのシュートを打たれ、先制点を許した。後半12分、東が相手のバックパスを奪った後、ゴールに蹴り込み同点に追い付いた。開幕戦の引き分けは2年連続。先発にはＪリーグデビュー戦となった坪川と吉田のほか、広瀬や三田ら新加入選手６人が名を連ねた。試合が無観客で行われ、富山と1-1で引き分けた。

新戦力６人先発　後半ミス逃さず

新生AC長野は引き分け発進。前半の早い時間帯に失点して苦しんだが、粘りを発揮して同点に持ち込んだ。値千金のゴールを決めた東は「前線で相手ボールを狙っていた。最後に冷静に決められて良かった」と話した。

報道陣以外は空席の、がらんとしたスタジアム。AC長野は試合開始から激しく戦ったが、やや空回りした印象だ。攻守の切り替えの速い富山に球を支配されていった。前半16分に相手の巧みなドリブル突破を止められず、受け身のまま失点した。

ハーフタイムで横山監督は「思い切り良くいこう」と選手たちにハッパを掛けた。すると後半は少しずつ攻撃に勢いが出て、同点ゴールにつながった。東は相手DFがGKへ中途半端なバックパスを出した瞬間に猛ダッシュ。スライディングでボールを奪うとすぐに反転して右足を振り抜いた。

その後は、AC長野がペースを握った。新加入の藤山が中盤でタクトを振り、交代出場した佐野と岡が積極的にシュートを放つ。昨季４位で優勝候補の一角に挙がる富山を苦しめる攻撃。藤山は「初戦で硬さがあったが後半は修正できた」。

大事な開幕戦を引き分けた横山監督は「勝てると思っていたので残念な気持ちがある。ここから学んで来週のホーム開幕戦で勝ちきることが大事」と語った。次こそ真価を発揮できるか。

後半12分、同点ゴールを放つ東（右）

横山監督

「スタメンには一番良い状態の11人を選んだ。（全員が）1試合ごとに成長しないといけない。試合は良い所も悪い所もあった。慣れるまでばたばたした。次のホーム戦は長野の方々に気持ちが伝わるような良いゲームをして勝ちたい」

ホーム開幕白星

後半31分、移籍後初ゴールを決める三田(左)

水谷が初先発し、左サイドバックに入った。前半23分に東のゴールで先制したが、同39分に追い付かれた。後半6分に広瀬が勝ち越し点を挙げ、同31分には三田(木曽郡木曽町出身)が追加点を決めた。今季のホーム開幕戦で初白星を飾り、勝ち点4とした。ホーム開幕戦勝利は2季ぶり。

長野 3 - 1 沼津

第2節 7/5 HOME 長野Uスタジアム

横山監督

「良い所と悪い所がいろいろあったが今季初勝利を挙げられて非常にうれしい。セットプレーとこぼれ球から3得点できて勝てたことは、これからもチームのストロング(強み)にしていきたい」

光った新戦力 広瀬と三田が得点

AC長野が3ゴールで快勝した。1－1に追い付かれても慌てず、2、3点目は新加入の広瀬と三田が挙げたもの。積極的補強による選手層の厚みを感じさせた。リーグ戦は始まったばかりだが、目の前の視野がぐんと広がるような大きな初白星だ。

立ち上がりは沼津の巧みなパス回しに苦戦した。しかし前半23分、右CKの流れから東が右足で先制。2試合連続得点の背番号10は「良いコースに蹴れた」と笑顔を見せた。

失点は同39分。両サイドの深い位置を使われ不安定になった所を突かれた。

後半すぐに大きな仕事をしたのが広瀬だ。右CKをゴール前で待ち構え、木村の落とした球を右足ボレーで決めた。広瀬は「チームの勝利の方がうれしい」と喜んだ。

後半31分には三田がダメ押しの3点目。ゴールキックが岡から佐野に渡り、最後は三田が倒れ込みながらシュートをねじ込んだ。横山監督は「あの時間帯にしっかり走れて決められる三田の良い部分が出た」。AC長野が掲げる「全員攻撃・全員守備」の戦術スタイルが表現されていた。

昨年10月の台風19号災害から8カ月ぶりに復旧した練習拠点の千曲川リバーフロントスポーツガーデンで練習して臨んだホーム開幕戦。クラブ幹部やスタッフが、泥まみれになりながら復旧作業したことを知る指揮官は「この一戦は絶対に勝たなければいけなかった。選手たちの気持ちが伝わるゲームになったのではないか」と振り返った。

後半6分、逆転ゴールを決め、雄たけびをあげる広瀬(中央)

前節と同じ先発布陣で臨んだ。立ち上がりからテンポ良くボールをつないで押し込んだが、連係ミスからリズムを崩し、相模原のカウンター攻撃を受ける回数が増えていった。後半は途中出場の岡や佐野が積極的に相手ゴールに迫ったものの決定機はつくれなかった。守備陣は相模原のブラジル人FW２人を抑え、今季初の無失点。３試合連続負けなしの勝ち点５で、３位から暫定４位に下がった。有観客試合も今季初めて。

引き分けで試合終了後に
厳しい表情を見せる選手たち

ドロー　無失点は今季初

相模原　0-0　長野

第３節 7/11 AWAY 相模原ギオンスタジアム

横山監督

「勝ち点３を取れず少し残念な試合だった。強力な相手攻撃陣に対して、最後に体を張って無失点で抑えられたのは良かった。攻撃面はラストパスやCK、FKの質が物足りなかった。この悔しさを、いよいよ長野のファン、サポーターが入る次節のホーム戦にぶつけたい」

長野　2-1　福島

第４節 7/15 HOME 長野Uスタジアム

前半18分、先制ゴールを決めガッツポーズする佐相（中央）

89分決勝点

前半18分、今季初出場の佐相が先制点を挙げ１-０で折り返した。後半29分、トカチに頭で同点ゴールを割られたが同44分、PKを三田（木曽郡木曽町出身）が決めた。前節から中３日で迎えた試合。開幕からの３試合は先発陣をほぼ固定していたが、前節から５人を入れ替えた。左MFに入った佐相を含め４人が初先発した。開幕から４戦連続負けなしはクラブ史上初。２勝２分けの勝ち点８で、前節の５位から４位に順位を上げげた。ホームで初の有観客試合には1277人が入った。

ホーム有観客、勝利届けた

AC長野が勝負強さを示した。１-１の同点で迎えた後半44分、PKを三田が決めて勝ち切った。今季初めて観客が入ったホーム戦。三田は「緊張したが自分の間合いで決められた」と笑顔を見せた。

前半18分、大宮から今季期限付き移籍で加入した佐相が右足で決めた。今季初先発、初出場の21歳は一度跳ね返されたシュートを再び拾いゴール右へ流し込んだ。前節までベンチ外が続く中、練習で猛アピールして得たチャンス。J初得点となり、「好機があれば何本でも打とうと思っていた。入った瞬間は時間が止まったようだった」。

前半は福島のテンポ良いパスサッカーを封じ込めた。前線の起点役となる188センチのナイジェリア人FWを、遠藤や浦上が自由にさせない。しかし、全体的に運動量が落ちた後半20分すぎから流れを持っていかれて失点。AC長野の横山監督は「前半の良い内容が後半続かなかった所は今後成長していかないといけない」と振り返った。

ただ、中3日で迎えた一戦を前節から先発5人を入れ替えた布陣で勝ったのは評価に値する。指揮官は「全員が戦力。佐相が決めてくれたのはチーム全体にとっても大きいこと」と話した。

後半44分、PKで逆転シュートを放つ三田（中央）

今季初めての有観客試合で勝利した
AC長野に拍手を送るサポーターたち

横山監督

「サポーターが入って絶対に勝たなければいけない試合に、勝ち点３を取れたのは選手たちにそうした気持ちがあったからこそ。勝ち切れる流れを今後チームに作っていけるように、選手にとって良い自信になるように働き掛けたい」

鮮やか４ゴール

先発を前節から２人入れ替えた。前半、三田が２ゴール。木村と吉村にも今季初得点が生まれた。１試合４得点は今季最多。DF広瀬が後半途中、負傷で退いた。２試合ぶりの白星で勝ち点を11に伸ばし、６位から暫定４位に順位を上げた。

長野	4 - 1	YS横浜
第６節 7/25 HOME 長野Uスタジアム		

「攻守一体のサッカー」を体現

時に大胆に、時には繊細に攻め続けた。AC長野が前半、鮮やかな4ゴール。前節の黒星が吹き飛ぶような快勝劇に、1500人超の観客が酔いしれた。

試合開始早々、前線からの激しいプレス守備でペースを握った。すると前半11分、三田が先制点。左クロスで中央に走り込み、左足で合わせた。さらに24分、右クロスを木村がダイビングヘッドをたたき込んで2－0に。これまでは左サイドハーフとして先発、無得点だった木村がFW初起用に応えた。「やっと点を取れて安心している。ここが自分にとって一番得意なポジション」とアピールした。

3点目は再び三田。坪川からのロングパスを右から走り込みワントラップシュート。三田は「うまくボールが止まってくれた。ゴールを狙う時間があった」と決定力の高さを示した。

豪快に決めた吉村の4点目を含め、まるで攻撃の練習風景を見ているようにきれいな形だった。ボール保持を目的とするキープではなく、すべてはゴールのため。そんな思い切りの良さと常に前へ運ぶ推進力が得点の要因だろう。

9日間で3試合を戦う連戦を幸先良くスタート。横山監督は「自分たちから向かっていく姿勢や熱が伝わるような試合にしたかった。守備と攻撃が一体となったサッカーができたのではないか」と手応えを口にした。

横山監督

「前半はアグレッシブなプレーで得点できた。選手たちは前節敗れて感じるところがあったのではないか。４点とも良い形でこれを続けていくことが大事」

前半42分、チーム４点目のシュートを決めた吉村（左）

前半、秋田DFと競り合う三田（右）〔秋田魁新報社提供〕

今季初黒星

広瀬が先発に復帰するなど４人を入れ替えた。前半36分、右クロスを秋田の鎌田に頭で決められて失点。後半は反撃に出たものの得点に至らなかった。今季初黒星となり、勝ち点８で順位を４位から６位に下げた。首位の秋田は唯一の開幕５連勝。

秋田	1 - 0	長野
第５節 7/19 AWAY ソユースタジアム		

横山監督

「残念だが全てが悪かった訳ではなく、やろうとしていることは出せた。後半はボールが良く走り、思い切りの良さも発揮して活性化した。この敗戦から学んで次につなげていきたい」

痛恨ドロー　5位に後退

負傷した広瀬に代わってセンターバックで遠藤が先発。前半７分、吉村がゴール前のこぼれ球をシュートし、GKに弾かれたボールをDFと競り合いながら頭で押し込んで先制した。同12分に追いつかれた後、後半38分にロングボールを遠藤がつなぎ、途中出場の佐野が頭で勝ち越し点を奪った。しかし43分、豪快なミドルを決められた。
今季初の連勝を狙ったが、２度のリードを守り切れず、敵地で引き分け。勝ち点12で４位から５位に順位を下げた。
　第８節は８月３日。AC長野は長野Uスタジアムで G大阪U-23と戦う。

横山監督

「似たチーム同士で、局面の争いが勝敗を分けると考えていた。どんな形でも勝ち切りたかったが、まだ本物の強さがないのかなと思う。（２連勝を逃し）何かを変えると言うより、自分たちに向き合って日々の練習で足りないところを地道に改善していく作業が大事」

吉村

（２試合連続ゴールとなる先制点）「積極的な攻撃参加を意識していたので、それが得点につながってうれしい。２失点目のシュートは自分の目の前で打たれ、あそこで防げるかで勝負は決まってくるので突き詰めていきたい」

八戸　2-2　長野

第７節 7/29 AWAY プライフーズスタジアム

前半30分、三田(奥)がチーム３点目のシュート

後半、２点目を挙げ控え選手のもとに駆け寄って喜ぶ佐野(中央)〔東奥日報社提供〕

長野 1-0 G大阪 U−23

第8節 8/2 HOME 長野Uスタジアム

後半、ボールに飛び掛かり相手の攻撃を防ぐGK立川(奥)

我慢比べ制す

立川や喜岡、大城が今季初先発した。前半を0-0で折り返すと後半31分、途中出場の佐野がゴールを挙げ、それが決勝点となった。2試合ぶりの白星で勝ち点15とし、5位から4位に順位を上げた。

セットプレーから泥くさく

膠着《こうちゃく》した難しいゲームで、勝敗を分けたのはセットプレー。AC長野は0−0の後半31分、佐野が左CKの流れからゴールネットを揺らした。25歳のストライカーは「ちょうど良いこぼれ球が来たので頭で飛び込んだ」。スタンドに誇らしげに胸を張った。

前線からのプレス守備をベースに積極的にゴールを目指したAC長野。一方、相手はしっかり守って個人技でペナルティーエリアの角付近から攻めてきた。自分たちのサッカーを貫いた方が勝ち。そんな我慢比べの中で、AC長野の横山監督は冷静だった。「3連戦の最後。きっとセットプレーが勝負のポイントとなる」

得点場面は、左CKのこぼれ球を東がミドルシュートしてGKがはじき、それを佐野が詰めた。佐野の反射神経の良さ、ゴールへの執念が出た。ここ3試合で9失点の相手は守備重視でこの試合に臨んできた。それを打ち破った佐野を、指揮官は「チームを助けてくれる素晴らしい仕事」と称賛した。

これでホーム戦は4連勝。コーチたちと抱き合って喜んだ横山監督は「泥くさく1点を取り切って勝てた非常に良いゲーム。選手は良く走ってくれた」とうなずいた。

ホーム初黒星

長野 0-1 鹿児島

第9節 8/9 HOME 長野Uスタジアム

喜岡が2試合連続で先発した。前半を0-0で折り返すと、後半25分、カウンターから鹿児島の米沢にゴールを決められた。AC長野は反撃したが得点できなかった。ホーム戦の連勝は4で止まった。4試合ぶりの黒星となり、今季初の連勝をまたしても逃した。勝ち点15のままで暫定4位タイ。

主導権奪うも得点できず

鹿児島が仕掛けた電光石火のカウンター一発に沈んだ。引き締まった好勝負を制したのは鹿児島。AC長野は前半途中から主導権を奪いながら得点できなかった。前半に2度惜しいシュートがあった木村は「あそこで決めていれば…」と自らを責めた。

試合の入りから激しい攻防が続いた。先にペースを握ったのはAC長野の方だ。コンビネーションの練度が高く、これまで課題だった中盤でのボールロストもほとんどなかった。36分、木村のヘディングシュートはゴールの枠を捉え、相手GKが懸命に外へはじいた。

後半もAC長野の攻勢が続いた。右サイドバックの吉村は攻撃参加で何度も沸かせた。

失点した場面は、左からのスローインを東が奪われ中央突破を許した。スライディングタックルしたものの目の前でシュートを決められた吉村は「ボールを失った瞬間にもっと後ろに戻った方が良かったか…」と悔やんだ。

目指す形はできつつある。勝敗を分けたのは一瞬の隙やディテール(細部)の差だろう。「失点した守備も、得点できない攻撃も甘さがあった。課題に取り組んで成長させたい」と横山監督。木村は「とにかく勝たないと良い方に進まない」と話した。本物の強さを身に付ける道のりはまだまだ続く。

横山監督

「攻撃力のある鹿児島に積極的な守備で相手に向かっていき、チャンスをつくれたが、簡単にカウンターを食らった。点を取るためにもっとクロスの精度にこだわり、チャンスの回数を増やしたい」

今季アウェー初勝利

横山監督
「結果が出なかった前節の悔しさを晴らそうと、選手たちが気持ちを見せてくれた。吉田はここ数試合スタメンから外れたが、その思いをピッチにぶつけ非常に良かった。勝ったことで今季初となる連勝のチャンスが次節のホーム戦で巡ってきた。今度こそつかみたい」

三田
(28歳の誕生日に2ゴール)「チームの勝利が一番だがうれしい。先制点はファーストタッチを含め、ある程度狙い通り。(午後3時の試合開始に)暑さは言い訳にできないとしっかり準備してきた。今日みたいにゴールを決めて勝つことを今後も続けていきたい」

吉田
(5試合ぶりに先発出場。Jリーグ初ゴールを含む2得点)「久しぶりのチャンスだったので暑さは関係なく、ただ結果を出そうと思っていた。開幕から数試合ゴールを決められずスタメンから外れたが、『仕方ない』と気持ちを切り替えて、いつ出ても良いように練習から準備していた」

阿部、牧野が今季初先発。前半10分、左クロスの流れから三田が左足ボレーで先制ゴールを決めた。同33分、吉田がロングボールを受け、GKの股間を抜くシュートで追加点。同40分、相手DFからボールを奪った吉田がゴール左上にシュートを決めた。後半42分には三田がチーム4点目を挙げ、岩手を突き放した。今季敵地で初勝利を飾り、2試合ぶりの白星。勝ち点18で単独4位。

岩手 1-4 長野
第10節 8/16 AWAY いわぎんスタジアム

前半10分に先制ゴールを決めて喜ぶ三田(左から2人目)〔岩手日報社提供〕

後半32分、佐野(左)が勝ち越しゴールを決める

横山監督
「観客が良い空気をつくってくれた。勝ってうれしいし、観客に感謝している。選手には、これを基準に今後も一生懸命さが観客に伝わるようプレーしてほしい。(初先発の)GK立川はチームを勝たせる良いプレーをしてくれた」

ホーム初黒星を喫し、うなだれる選手たち

前半42分吉田がヘディングシュートを決め、1－1とする

長野 **2-3** 藤枝

第11節 8/22 HOME 長野Uスタジアム

逆転負け 勝ち点変わらず

佐相が2試合ぶりに先発復帰した。前半26分に先制を許したものの、同42分に吉田が頭で同点シュートを決めた。後半から出場した東が2分に勝ち越しゴールを決めたが、19分、23分に立て続けに失点した。勝ち点は18のままで暫定4位。

横山監督

「連勝が懸かると同時に前々節のホーム戦で負けていたので勝たなければいけなかったが、パワーで押し切られてしまった。悔しいし、申し訳ない。次節からきついアウェー3連戦があるが、下を向かず全員でぶつかっていけるようにしっかり準備したい」

「力負け」一気に2失点

AC長野は後半2分に逆転したが、そこからまさかの2失点。藤枝のパワーに押し切られ、横山監督は「力負けだった」。

前半26分、相手DFに頭で決められた。それでも42分、吉田が吉村のクロスを頭で沈めて追い付く。後半投入の東が相手GKが弾いた球を詰めてネットを揺らした。上げ潮ムード絶頂となったが、ここから暗転する。

後半19分、広瀬と阿部の連係の悪さを突かれ追い付かれた。さらに4分後に勝ち越される。「ゴールは良かったが、失点に絡み後悔している」と東。阿部は「2失点目はパンチングではなくボールを取る判断の方が良かった」と反省した。

横山監督の指示は「バトルに負けるな」。しかし藤枝は、AC長野がキープするボールに突っ込んできた。若い選手が多いだけに、相手の力を受け流しながら時間を稼ぐといった老練さが足りない。リーグ最多得点の藤枝のパワーをまともに受け、試合運びの拙さを露呈。指揮官は「そこを改善しないと勝ち星が増えない」と嘆息した。

またも連勝を遂げられず次節から鳥取、今治、熊本のアウェー3連戦。阿部は「鳥取戦にすべてを出し切るしかない」と必死に言葉を紡いだ。

主導権譲らず

鳥取 **1-1** 長野

第12節 8/29 AWAY Axisバードスタジアム

浦上が3試合ぶり、大城が4試合ぶりに先発。前半から全員攻撃、全員守備の積極的なプレーで相手を押し込んだ。後半に入っても主導権を譲らず、29分に途中出場の牧野が先制点。ペナルティーエリア左角付近から右足で決めた。しかし34分、鳥取のフェルナンジーニョに頭で同点に追い付かれた。勝ち点19で暫定5位。

横山監督

「厳しい暑さのアウェーでの戦いに選手たちが本当に良く頑張ってくれた。ボールを動かしながら先制点を取るまで、良い面をたくさん出せたが、勝ち切れないのが長野の実力かなと思っている。あのピンチをしのぐことが大事だ」

牧野

（Jリーグ初ゴールとなる先制点）「フリーなのは分かっていたし、得意のゾーンだったので自信を持って蹴った。今まで結果を残していなかったので、ようやく決められたという思いが込み上げてきた」

前半、相手シュートをセーブするGK阿部〔新日本海新聞社提供〕

勝ちきれずドロー

前半26分、先制点を決めて喜ぶ岡（中央）
〔愛媛新聞社提供〕

今治	1 - 1	長野
第13節 9/2 AWAY ありがとうサービス・夢スタジアム		

中３日の長野は、岡と妹尾が今季初先発するなど前節から先発７人を入れ替えた。テンポ良くボールを動かしながら押し込むと、前半26分に岡がペナルティーエリア右外から左足で先制ゴールを決めた。しかし同32分、今治の林に同点ゴールを許した。３試合ぶりの勝利を狙ったが、２試合連続ドローで暫定４位。J2昇格圏内の２位熊本との勝ち点差は９に広がった。

横山監督

「（前節から先発7人を入れ替えたが）チームとして変わらないでやれた。ハードワークして良いゲームができた面もあったが、だからこそ引き分けは残念だ。それでも勝ち点1を取れたので、大事なのは次節になる。得点直後に失点する課題は修正していくしかない」

岡

（今季初先発で初ゴール）「前を向いてチャンスがあったので枠を狙って思い切り振り抜いた。（出場の）チャンスがあまりない中でやってやろうという気持ちがゴールにつながった」

4試合ぶり白星

熊本	1 - 2	長野
第14節 9/9 AWAY えがお健康スタジアム		

広瀬や藤山ら７人が先発復帰。積極的な守りからリズムをつかみ、0-0で迎えた後半21分、三田が右足で鮮やかな先制点を決めた。すぐに熊本に追い付かれたものの同32分、途中出場の佐野が勝ち越しゴールを挙げた。４試合ぶりの白星で勝ち点23とし、J2昇格圏内の２位熊本との勝ち点差を６に縮めた。順位は前節の４位から変わらない。

横山監督

「このところ引き分けが多く惜しいゲームを落としてきたので、きょうは結果が大事だった。その結果を出せたので今後の力にしていけると思う。うれしいし、選手たちの頑張りをほめたい。敵地３連戦の厳しさを言い訳にしないで勝ちきれた」

佐野

「同点に追い付かれた時、正直またかとも思ったが、自分が勝ち越しゴールを決めて絶対に勝つという気持ちだった。三田からのパスを受けた時はゴールは見えなかったが、GKのとれない所へ感覚で打てた」

三田

（自身4試合ぶりのゴールを決め、決勝点をアシスト）「内容より結果を求め、かなり高いモチベーションで臨んだ。それがゴールに結び付いたのではないか。（アシストは）同点に追い付かれ攻撃的にいかないといけない中、空いたスペースへ走り込めた」

後半21分、先制ゴールを決め、両手を広げて駆け出す三田
〔熊本日日新聞社提供〕

前半30分、先制ゴールを挙げた佐相（右）を祝福する選手たち

今季初の連勝をホームで

長野 2-0 C大阪 U－23

第15節 9/13 HOME 長野Uスタジアム

遠藤と岡が2試合ぶりに先発出場した。前半30分、右CKの流れからゴール前で佐相が押し込み先制。後半42分、左CKの球を吉田が頭で合わせ追加点を奪った。今季初の連勝をホームで飾り、4試合負けなし。勝ち点26で順位は4位のまま変わらない。

横山監督

（守備の要の広瀬を外したメンバー編成について）「熊本戦がタフなゲームだったのでコンディションがベストの選手を使った。岩沼はクオリティーの高さを見せてくれた。他の選手もそこを目指してほしい」

たくましさ増し完勝

今季５度逃していた連勝のチャンスをものにした。AC長野はＣ大阪Ｕ―２３を前半から圧倒して２―０の完勝。先制ゴールの佐相は「絶対に前半から点を取ってやろうと思っていた」と強調した。

前線からの守備で相手の自由を奪い、マイボールにするとすかさず左右に揺さぶった。佐相は右ＣＫからの混戦で相手より一瞬早く押し込み「こぼれ球を狙っていた」。

２点目は後半４２分。けがから復帰して今季初出場したベテラン岩沼が左ＣＫを蹴り、ゴール前の吉田の頭に合わせた。岩沼は「出るからには得点に絡む仕事がしたかった。イメージ通り」と汗をぬぐった。

チーム全体がたくましさを増した印象だ。藤枝や鳥取、今治、熊本と戦ったここ４試合はリードしてもすぐに追い付かれた。この日は相手の反撃を無失点で抑え、横山監督は「連戦のきつい中でしっかりハードワークしてくれた」と喜んだ。

今季初の連勝と岩沼の復帰―。前節、激闘となった熊本戦を制して得た自信にプラス要素が加わった。岩沼は「リハビリ中はみんなの頑張っている姿を見てきた。自分も同じテンションでやれるようにしたい」と語った。

敵地で今季初3連勝

4連勝し、ハイタッチで喜ぶAC長野の選手たち

後半18分、先制点となるPKを決める佐野

前半、ゴール前で相手と競り合う岡

後半33分、PKを決めて仲間から祝福される東(中央)
〔岐阜新聞社提供〕

後半33分、東が自ら獲得したPKをゴール右下へ決めて先制。終了間際には大城のシュートがゴールポストに当たり、その跳ね返りを佐野が詰めて追加点を挙げた。守りではGK小沢が好セーブを連発した。今季初の2試合連続無失点。今季初の3連勝で5試合負けなしとし、勝ち点を29に伸ばした。順位は4位のまま変わらない。

岐阜 **0-2** 長野

第16節 9/19 AWAY 岐阜メモリアルセンター長良川競技場

横山監督

「ハーフタイムではもっと攻撃をやり切ろうと伝えた。東がペナルティーエリア内でしっかり仕掛けてくれたのが大きかった。危ない場面もあったが小沢がファインセーブしたり、選手たちが極限の所で防いだりしてくれた。アウェーで厳しいゲームだったが勝ち点3を取れてうれしい」

東

「相手は個のクオリティーが高く、攻め込まれたが小沢を中心に耐えてくれたので点を取りたかった。(スペースに走り込んで相手から倒されPKを獲得)あのスペースをチームとしてうまく突けたと思うし、水谷から良いボールが出た」

小沢

(直接FKからのシュートを防ぐなど後半に何度も好セーブ)「失点しないことを第一に考え慌てないようにプレーした。FKの場面では駆け引きしてあのコースに誘った。次節まで中2日しかないのでしっかりコンディションを整えたい」

4連勝で3位浮上

長野 1-0 讃岐

第17節 9/22 HOME 長野Uスタジアム

中2日、初先発の藤森ら躍動

AC長野はフレッシュな選手が大きな仕事をした。0−0の後半15分すぎ、ドリブルで果敢に仕掛けてPKを獲得したのは藤森。プロ入り初先発のルーキーは「良いタッチで前を向けた」と声を弾ませた。

前半から攻勢だったが、人数を掛けて守る相手を崩しきれずに膠着《こうちゃく》状態。それだけに藤森がこじ開けた突破がチームを救ったといえる。

PK獲得の場面は、喜岡から速い縦パスを受けた藤森が相手の股間を抜き前を向く。スピードに乗ってペナルティーエリアに侵入、相手はたまらずファウルで止めるしかなかった。今季最も厳しい日程の中2日の試合。横山監督は藤森の起用について「試合にいつ出てもいいよう、日頃の準備をしっかりしていた」と説明した。前半の惜しいシュートや得意のロングスローで、その期待に応えた。

PKは佐野が落ち着いて決めた。佐野自身2試合連続ゴールで、昨季熊本で挙げた4得点を既に上回る5得点目。途中出場ながら結果を出し続けるストライカーは「好調の要因は前線からプレスを掛ける役割が明確だから」とうなずいた。

AC長野はリーグ通算101勝目を、2014年のJ2・J3入れ替え戦で敗れた讃岐から挙げた。「チェンジ」をスローガンにする今季、過去の歴史を乗り越え、輝かしい未来を予感させる1勝だ。

前節から中2日となった長野は、藤森（諏訪市出身・上田西高—立正大出）と岩沼が今季初先発するなど先発6人を入れ替えた。前半を0−0で折り返すと後半18分、藤森がペナルティーエリア内で倒され獲得したPKを佐野が決めた。6試合負けなしで勝ち点32とし4位から3位に浮上。J2昇格圏内の2位熊本との勝ち点差6は変わらない。

横山監督

「中2日の今季一番きつい日程だったが、ホームで勝ち点3を取ることができてうれしい。（前半0−0の）ハーフタイムには、引き分けだと観客をがっかりさせてしまうと選手に伝えた。厳しい内容だったが結果が全てで、足を止めず戦ったのが勝ちにつながったのではないか」

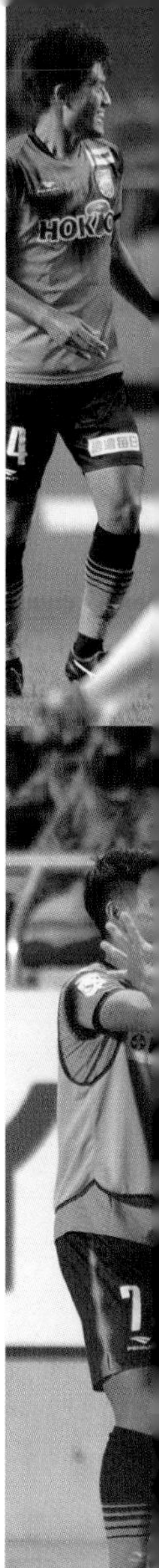

5連勝 2位と勝ち点3差

前半6分、先制ゴールを決める吉田（中央）（南日本新聞社提供）

鹿児島 0-3 長野

第18節 9/27 AWAY 白波スタジアム

横山監督

「（鹿児島には）ホームで悔しい敗戦をしていて、勝ち点3を取ろうと選手に働き掛けてきた。厳しい試合で、ハードワークをしっかりして勝ち点を取れたことをうれしく思う。次の試合も緩めずに、一戦必勝で向かって行くのが大事になる」

中4日で臨んだ長野は前節から先発を6人入れ替えた。前半6分、カウンターから右サイドに展開し、坪川が放ったシュートを最後は吉田が左足で押し込み先制。36分には右からのFKを広瀬が頭で合わせた。後半は前線からの積極的なプレスをかけ、33分に三田のミドルシュートのこぼれ球を佐野が押し込んで突き放した。5連勝で勝ち点を35に伸ばし、順位は変わらないが、2位の熊本が敗れたため勝ち点差が3に縮まった。

後半、ドリブル突破から
シュートを放つ佐野（中央）。
4戦連続のゴールはならず

後半、岡が果敢にシュートを放つが
相手GKに阻まれゴールならず

J2昇格圏へ足踏み

両チームとも前節と同じ先発。長野は前半19分、相模原のカウンター攻撃の流れから最後は星にゴールを決められ、8試合ぶりに先制を許した。後半は相手の運動量が落ちたこともあって攻勢を強めたが得点できず、10試合ぶりの無得点で敗れた。8試合ぶりの黒星で連勝が5でストップ。勝ち点35のままで順位も3位で変わらない。鳥取が4試合ぶりの勝利で長野と勝ち点差2の4位に浮上した。

横山監督

「ホームのサポーターの前で6連勝を飾りたいと思って臨んだが、ストレスのたまるゲームだった。相手にうまく守られ、自分たちが（攻撃を）やりきれなかった。次は水曜日に（J2昇格を争う）熊本との試合がある。しっかりリカバーして勝ち点3が取れるように準備したい」

長野 0-1 相模原
第19節 10/3 HOME 長野Uスタジアム

競り合いながら頭でゴールを狙う浦上

昇格圏の2位へ

吉村が7試合ぶりに先発するなど、前節からスタメンを4人入れ替えた。前半はセットプレーやカウンターを軸にした攻撃で相手ゴールに迫ったものの無得点。後半9分、敵陣で細かくパスをつなぎ、坪川が右足でミドルシュートを決めて先制した。終盤は熊本に押し込まれたが、守り切った。前節の3位からJ2自動昇格圏内となる2位に浮上した。勝ち点38で並んだものの、得失点差で熊本を上回った。

横山監督

「大事な試合で、ホームで勝ち点3を取ろうと働き掛けてきた。多くの長野のファン、サポーターに後押ししてもらって、勝ちという結果を出せた。ただ、中3日でアウェー戦があるので、次に向けて切り替えていきたい」

後半9分、坪川が決勝点を決め、喜びあう選手ら

直接対決、勝負強さ見せた

悲願のJ2昇格に向け、一つの壁を突破した。J3参戦7年目のAC長野が、雨中のホームで2位熊本との直接対決を制してJ2昇格圏内に浮上。横山監督は「きょうは結果が全て。勝ちきれたことを自信にしていきたい」とうなずいた。

熊本は中2日かつ長距離移動を伴う一戦にもかかわらず、前節から先発を1人入れ替えたのみ。AC長野は立ち上がりから気迫を前面に出した熊本の強い圧力を受けたが、粘り強く守ると少しずつ攻撃のリズムをつかみ始めた。

攻勢を強めた後半9分。敵陣でパスをつなぎ、左サイドで受けたルーキーの坪川が中央へ運んで右足を振り抜く。利き足とは逆ながらも鮮やかに左隅にプロ初ゴールを決め、「開幕戦から出ていながらゴールはなかった。右足で決めたのはうれしいというより驚きだった」と目を丸くした。

クラブが「CHANGE！」のスローガンを掲げる今季。チームも呼応するように白星を重ね、ここ一番で勝ちきる勝負強さを見せつつある。チーム最古参で5年目の東も「ここまでいい戦いができたシーズンはなかった。新しいメンバーも入って、勝負強さも付いてきた」と実感を込めた。

とはいえ、14試合を残して上位争いも混戦状態だ。「まだ何も成し遂げていない。勝ったからこそ、自分たちと向き合わないと成長しない」と指揮官。現状に満足することなく、ここからの本当の戦いに視線を向けた。

長野 1-0 熊本
第20節 10/7 HOME 長野Uスタジアム

3位に後退 無得点ドロー

前線の吉田が2試合ぶりに先発した。前半は藤枝の激しいプレスを受けて、攻撃のリズムをつかめず無得点。セカンドボールを拾う場面が増えた後半は粘り強く守りながらシュート5本を放ったものの、得点できなかった。勝ち点で並んでいた熊本が福島に勝ってJ2昇格圏内の2位に浮上し、AC長野は勝ち点39で前節2位から3位に後退。相模原は5連勝で4位に浮上した。

藤枝 0-0 長野

第21節 10/11 AWAY 藤枝総合運動公園サッカー場

横山監督

「勝ちきりたかったが、勝てなかったのは力不足。もう一段、二段レベルアップしないと昇格も見えてこないと思う。結果的にほかの（上位）チームが勝ってしまったのは残念だが、自分たちに矢印を向けてやっていくしかない」

後半、ドリブルで攻め上がる佐野

再び昇格圏 逆転勝ちで2位

長野 3-1 八戸

第22節 10/18 HOME 長野Uスタジアム

センターバックの喜岡が5試合ぶりに先発するなど、前節から3人入れ替えた。前半34分に川田がロングボールの処理を誤って自陣深くに入られ、先制を許した。後半14分、藤山の左クロスを三田が左足で決めて同点。21分に吉田のゴールで勝ち越すと、44分に上米良のミドルシュートで突き放した。前日に引き分けた熊本と勝ち点42で並び、得失点差で上回って、3位からJ2昇格圏内の2位に再浮上した。4位の相模原は讃岐と引き分け、5位の岐阜は福島に敗れた。

勝ち越しのゴールを決めてガッツポーズで喜ぶ吉田（右）

後半13分、同点のシュートを決める三田

横山監督

「今節から鳴り物が解禁され、ファン、サポーターが非常にいい雰囲気をつくってくれた。前半は失点してしまって難しい試合となったが、後半で3点取って逆転できた。逆転勝ちはあまり多くなかったので、いい意味で勝負強さが出てきたことを自信にしていきたい」

上米良

（移籍後初得点）「（相模原では）出場機会がなくて、ゴールから遠ざかっていた。シュートを意識して試合に入り、ゴールを取れてうれしい」

前半苦戦…三田の左足が打開

前半はシュート8本を放ちながらもゴールネットを揺らせず、守備のミスから失点。AC長野は、自陣に引いて守る5連敗中の八戸に苦戦した。太鼓や打楽器など鳴り物が解禁されてサポーターが懸命に手拍子を送り続ける中、重い雰囲気を振り払ったのは昨季まで八戸でプレーしていた三田だった。

ボールを保持して細かいパス交換を繰り返すも、連係が合わない場面が続いていた後半14分。藤山が敵陣左深くで粘り、マイナスのクロスを入れると、「スペースを見つけてうまく入れた」という三田が左足で冷静にゴール右へ。8試合ぶりとなる今季8点目を決め、「自分自身も勢いづくと思う。（古巣に）少し成長した姿を見せられた」と納得した。

これだけでは終わらない。7分後には浦上のロングボールに反応して相手守備の裏へ抜けると、左からのクロスで吉田の勝ち越し点をアシスト。吉田が「タイミング良くボールが来たので、押し込むだけだった」といえば、横山監督も「チームとして三（田）ちゃんに救われた」と評価した。

県内に大きな被害をもたらした台風19号災害から約1年が経過。AC長野も練習拠点が被災するなど影響を受けたが、「今でも苦しんでいる人たちがいる。僕たちができることはピッチで表現していくこと」と木曽郡木曽町出身の三田。さまざまな思いを胸に、激しい昇格争いを戦い抜く覚悟だ。

後半、ボールを奪う遠藤（右）〔福島民報社提供〕

決めきれず黒星 2位はキープ

吉村が右サイドバックで2試合ぶりに先発。前半は攻守の入れ替わりが速く、ともに粘り強く守って0-0で折り返した。後半はAC長野が攻勢を強めて福島の倍以上となるシュート8本を放ったが得点できず、後半ロスタイムにカウンターから失点した。4試合ぶりの黒星。相模原が3位の熊本を破って3チームが勝ち点42で並んだが、得失点差で上回るAC長野の2位は変わらない。岐阜が4-0で岩手を下して5位に浮上した。

福島　1-0　長野

第23節　10/25　AWAY　とうほう･みんなのスタジアム

連敗で4位後退

昇格レース、踏ん張りどころ

残り10試合となり、1試合の勝敗の重みが増しつつあるJ2昇格争い。負けられなかった一戦で富山に敗れ、AC長野は今季初の連敗。J2昇格圏内から後退する足踏み感が否めない状況に、シュートなしだった三田は「やはり相手も対策をしてくる。僕たちが打破しないといけない」と強調した。

5バック気味に自陣に引いてスペースを埋める富山に対し、AC長野は前半から試合を支配しながらも前線にうまくボールを入れられなかった。「自分たちも全てが悪かったわけではない。やりきれずにやられてしまっている」と横山監督。シュートまで結び付けられずにいると、後半23分にロングスローの流れから失点した。

ここ数試合は自陣に引いてカウンターを狙ってくる相手をうまく攻略できず、逆に少ないピンチでの失点が続いている。「ブレイク（突破）するためには個人の力が必要。残り10試合はそういうところにトライしてもらいたい」と指揮官。三田も「ドリブルや一人で相手を剥がすプレーが大事になる」と自覚する。

この日はテレビ中継があったが、スタジアムには今季最多となる2536人が足を運んだ。「ここでくよくよしても何も変わらない。僕たちは結果で示さないといけない」とDF浦上。昇格レースを勝ち抜くためにも、ここが踏ん張りどころだ。

上米良が移籍後初先発し、広瀬が5試合ぶりに先発。AC長野は前半からボールを保持する時間が多く、上米良が決定機でシュートを放つも決められずに0-0で折り返した。後半23分、ロングスローの流れからDFラインの裏に抜けられて失点。その後も得点を奪えなかった。今季初の連敗を喫し、勝ち点42のままで2位から4位に後退。勝ち点で並んでいた熊本が沼津を1-0で下して2位、相模原が岐阜と引き分けて3位に浮上した。
首位の秋田は2-1で八戸を下して、開幕からの無敗をキープした。

横山監督

「2位という順位にいて前節は悔しい敗戦だったので、勝って悔しさを晴らそうと臨んだ。結果として、ただただ悔しい。ネガティブになりすぎても良くないので、中3日のアウェー戦に向けて準備をしていきたい」

後半、ゴールに迫るもGKに阻まれる三田

前半、ゴールを狙うもGKに阻まれる初先発の上米良

長野　0-1　富山

第24節　10/31　HOME　長野Uスタジアム

前半34分、先制点を決めて喜ぶ佐相(右)

快勝で3位浮上

中3日の長野はGK立川が16試合ぶり、ボランチの岩沼が8試合ぶりに先発するなど、前節から先発8人を入れ替えた。前半34分、遠藤の左クロスのこぼれ球を藤森が折り返し、佐相が右足でゴール左に決めて先制。後半は1分に相手DFのミスから藤森が加点し、9分には藤森の右クロスを佐相が押し込んだ。12分にDFラインの裏に抜けられて失点し、終盤は押し込まれる時間が続いたが守り切った。連敗を2で止め、勝ち点を45に伸ばして4位から3位に浮上した。

C大阪 U－23	1 - 3	長野
第25節 11/4 AWAY ヤンマースタジアム長居		

5試合ぶり先制　ゴールへの意識高め

前節まで2試合連続無得点だったAC長野が、鬱憤《うっぷん》を晴らすような3得点。横山監督が「シンプルに戻した」と語ったようにDFラインの裏を狙ったロングボールを多用するなど、単純にゴールへの意識を高めた形が得点を呼び込んだ。

前半34分、左クロスから「いいところにこぼれてきたので気持ちだった」という佐相の低いシュートが決まり、5試合ぶりの先制点。ここ数試合続いた重い流れを打破すると、後半1分には「前半がふがいなかったので、後半はやらないといけない」と奮起したプロ1年目の藤森が相手DFのパスミスを逃さず、初得点を挙げて主導権を握った。

連敗を止め、次節は中3日で開幕から無敗の首位秋田戦だ。「いい意味でチャレンジャーとして相手に向かっていきたい」と指揮官。2ゴールの佐相は「無敗で優勝させたくない。絶対に土をつけたい」と闘志を燃やした。

前半、ドリブルで仕掛ける藤森(左)

横山監督

「ここ2試合で悔しい思いをして、自分たちに矢印を向けて臨んだ試合。結果は良かったが、一戦一戦負けられない試合が続く。とにかくすぐに切り替えて、次の秋田戦に向けてやれることをやっていきたい」

秋田と引き分け、2位に再浮上

長野 0-0 秋田

第26節 11/8 HOME 長野Uスタジアム

出場停止明けの水谷が中盤の左、広瀬が2試合ぶりにセンターバックに入るなど先発を5人入れ替えた。AC長野がボールを保持する時間が続いた前半は、攻め込みながらも無得点。一進一退の攻防が続いた後半はお互いに決め手を欠いた。前日の試合で負けた熊本と勝ち点で並び、得失点差で上回って3位からJ2昇格圏内の2位に浮上した。4位の相模原は福島と、5位の岐阜は富山と、0-0で引き分けた。

横山監督

「ホームで迎える試合で、順位表的にも期待感を持ってもらえた試合だったと思う。(中3日の)3連戦の最後だったが、選手たちは気迫あふれる試合をしてくれた。この勝ち点1を次に生かしたい」

首位にドロー、手応え

「きょうの試合はどっちに取るかだと思う。僕の印象としては悪くなかった」。開幕から無敗で首位を独走する秋田に黒星をつけることはできなかったが、普段は勝った試合でも厳しい注文を付けることが多いAC長野の横山監督が珍しく高評価を与えた。

リーグで断トツの最少失点を誇る秋田に対し、前半はこぼれ球の回数で上回って攻勢だった。最大の好機は前半27分。右サイドを突破した吉村のクロスのこぼれ球に反応した水谷が、左足で低いシュートを放つもブロックされた。出場停止明けだった水谷は「丁寧にいってしまった。思い切ったシュートを打てば良かった」と悔やんだ。

最後までゴールは割れなかったが、ハードワークを軸にしたスタイルで首位と渡り合った。引いて守る秋田にシュートを2本しか許さず、「大事な試合だったので少し残念だが、自分たちのやっていることは首位にも通用することが分かった」と吉村。悔しさの中に手応えもにじませた。

引き分けながらも得失点差で、再度J2昇格圏内に入った。8試合を残して混戦状態は続いており、「ここから残り試合は負けられない。一戦一戦が大事になる」と水谷。真価が問われる終盤戦へと突入していく。

後半、秋田の攻撃から自陣ゴールを守る広瀬(左)、藤山(右から2人目)、GK小沢ら

前半、ヘディングでゴールを狙う水谷。GKに阻まれた

攻めて勝ち点3

讃岐 1-2 長野

第27節 11/15 AWAY Pikaraスタジアム

東と三田がともに3試合ぶりに先発するなど、前節から4人を入れ替えた。前半38分、水谷の左クロスを吉田が折り返し、三田のシュートのこぼれ球を佐野が左足で押し込み先制。後半4分には吉田とのワンツーパスから水谷が右足で決めた。26分にPKで1点を返されて終盤は押し込まれる時間が続いたが、守り切った。勝ち点を49に伸ばしてJ2昇格圏内の2位を維持し、前日敗れた3位の熊本との勝ち点差を3に広げた。

横山監督

「難しい試合で勝ち点3を取れて良かったと思っている。前後半とも選手はアウェーの地でしっかりとハードワークをしてくれた。チャンスの数は非常に多くていいところはあったが、また課題も出たと思う」

前半38分、先制点を決め飛び上がって喜ぶ佐野(左から2人目)〔四国新聞社提供〕

後半ロスタイム、鳥取に決勝点となるゴールを奪われ厳しい表情の(右から)浦上、GK小沢、広瀬、吉田ら

ボランチの岩沼とセンターバックの喜岡がともに3試合ぶりに先発するなど、前節から3人を入れ替えた。前半はシュート4本にとどまるなど崩しきれず0-0。後半はロングスローやCKを軸にゴールに迫ったが得点できないままいると、ロスタイムにクリアミスから失点した。J2昇格圏内の2位は維持。鳥取が3位に浮上し、岩手と引き分けた相模原は4位のまま。今治は熊本に2-1、岐阜はC大阪U-23に3-0で勝った。

横山監督

「2位で迎えるホーム戦でファン、サポーターの期待と熱量を感じながら臨んだが、結果が全て。だが、幸運なことにまだ2位にいるので、しっかり準備をして中3日のアウェーに向かう。最後まで絶対に諦めない姿勢で戦う」

長野 0-1 鳥取

第28節 11/18 HOME 長野Uスタジアム

終了間際に失点

残り1の昇格枠争い 2位は維持

昇格を争うチーム同士の意地のぶつかり合いとなった一戦。スコアレスドローが現実味を帯びていた後半ロスタイムにゴールを奪い、ピッチ上で最後に笑ったのはホームのAC長野ではなく鳥取だった。

遠藤が右サイドを突破されてクロスを入れられると、妹尾のクリアが小さくなってゴール前の新井光(市長野高出)へ。そのまま押し込まれて試合を決められ、遠藤は「単純に上げられてしまった僕の責任だと思っている」と言葉少なだった。

だが、敗因は好機で仕留めきれなかったことだろう。自陣に引いて守る鳥取に対し、最大の決定機は後半9分。喜岡の右クロスから三田がシュートを放ったが、ゴールネットを揺らせない。「ゲームを支配している時間に点を取れなかったことが一番の敗因」と三田。横山監督も「課題をつぶそうと働きかけているが、まさにそれが出てしまった」と認めた。

首位を独走していた秋田が早くも優勝を決め、J2昇格枠は残り1。AC長野は勝てばさらにリードを広げられる状況だっただけに、「改めてJ2昇格はそんなに簡単じゃないと思い知らされた」(横山監督)手痛い黒星となった。

混戦状態に拍車がかかり、勝ち点3以内に6チームがひしめく。次節は中3日。三田は「まだ昇格のチャンスは残っている。次の試合に向けて準備をしていくしかない」と懸命に前を向いた。

後半、相手MFと競り合う岩沼

後半4分、2点目のシュートを決め、祝福される水谷(右から2人目)

得点へ貪欲に　2位キープ

昇格を争う上位陣に引き分けや黒星が多かった今節。勝ち点3を積み上げればリードを奪える状況で、AC長野は勝ちきった。横山監督も「いろんな要因で難しい試合だった」と認め、「欲しいのは勝ち点3だった。すごく良かった試合だと思う」と手放しに褒めた。

指揮官が練習から厳しく選手たちに求めていた「得点への意識」を体現した。連動した崩しから決定機をつくっていた中、前半38分に左クロスからのシュートのこぼれ球を佐野が押し込んだ。後半4分には吉田とのワンツーから水谷が抜け出し、Jリーグ初得点。水谷は「いい位置に出してくれた。ゴールを取れて良かった」とうなずいた。

PKで失点してからは苦しい時間が続いただけに、勝ち点3をつかんだ意味は大きい。しかし、中2日でホーム戦が待ち構えており、佐野は「移動もある。体を休めていいコンディションで臨みたい」とすぐに気持ちを切り替えた。

攻めた、勝ちきった 勝ち点52

GK立川が5試合ぶりに先発するなど、前節から3人を入れ替えた。前半3分、相手からボールを奪った吉田が倒され、倒した選手が一発退場。1人多い状態でボールを保持して前半にシュート7本を放ったが、0-0で折り返した。攻勢が続いていた後半35分、左CKからのこぼれ球を東が右足で押し込んだ。3試合ぶりの白星で勝ち点52とし、J2昇格圏内の2位相模原と勝ち点1差の3位を維持した。熊本は首位の秋田に敗れて6位に後退し、富山はC大阪U-23を下して5位に浮上した。

長野 1-0 今治

第30節 11/29 HOME 長野Uスタジアム

東のゴールに総立ちで喜ぶサポーター

YS横浜 1-3 長野

第31節 12/6 AWAY ニッパツ三ツ沢球技場

相手と競り合いながらゴールを決めた佐相(手前右)

横山監督

「難しいゲームになることは予想できたが、勝ち点3を取って最終的にはいいゲームができた。(2位で)自力で昇格をつかめるので、(選手たちに)自分たち次第だと働き掛けている。残りの3試合はチャレンジしていくいいチャンスだ」

痛恨連敗 3位後退

沼津 1-0 長野

第29節 11/22 AWAY 愛鷹広域公園多目的競技場

前線の岡が3試合ぶりに先発するなど、前節からスタメン3人を入れ替えた。前半は沼津に球を保持される時間が長く、押し込まれる場面も目立ったが、無失点でしのいだ。選手交代によりリズムをつかんだ後半は好機をつくりながら得点を奪えず、42分にPKで失点した。勝ち点は49のまま。J2昇格圏内の2位から3位に後退した。相模原は鹿児島に勝って2位に浮上し、熊本はC大阪U-23と引き分けた。

横山監督

「残念ながら連敗してしまった。だが、まだ残り5試合ある。ここがチームとして、選手としても成長できる局面だと思うので前向きに顔を上げてやっていきたい」

球際で後手、主導権握れず

「自信を持ってできていたことが出せなかった。今季一番良くない試合をしてしまった」。過去の対戦で一度も負けたことがなかった12位の沼津に手痛い黒星を喫し、3位に後退したAC長野の横山監督は素直に認めるしかなかった。

チームの土台にあるのはハードワークだ。だが、この日は「個人的にもチームとしても、競り負ける場面が多かった」と浦上。選手の躍動感が乏しく、球際の競り合いやこぼれ球の回収などで後手に回ってしまい、沼津に試合を支配された。

PKを与えた後半41分もロングスローの競り合いからこぼれ球をクリアされ、GK小沢が前線を狙った球をハーフライン付近で奪われて逆襲された。結果的に喜岡のスライディングタックルがファウルと判定されたが、個人のミスというよりもチーム全体の低調さが招いた結果といえるだろう。

混戦状態が続くJ2昇格レースの中、見せ場の乏しい内容で今季2度目の連敗。もう負けられない正念場を迎えており、試合後に指揮官は「自分たちでどうしていくべきなのか」を選手たちに問い掛けたという。

残り5試合。吉田が「昇格圏からは落ちたが、まだ何も終わっていない」といえば、浦上も「まだ5試合あるので、自分たち次第だと思う」。落胆しすぎずに戦い抜き、自ら打破するしか道はない。

2連敗を喫して厳しい表情で引き揚げる選手たち

後半35分、東が決勝点となるシュートを押し込み、笑顔で駆けだす

昇格圏へ勝ち点１差の３位維持

スコアが動かない中、後押しを続けたサポーターが歓喜に沸いたのは試合終盤。後半35分、左CKから吉田が頭で合わせたシュートは枠に阻まれたが、広瀬が空中戦で競り勝ってゴール前へボールがこぼれる。東が「競り勝つと思った。ラッキーだった」と右足で押し込み、バックスタンドへ駆け寄ってサポーターの前で喜びを爆発させた。

前節の沼津戦で影を潜めた選手の躍動感が戻った。前半3分に「ゴールに向かう強い気持ちを持ってプレーした」という前線の吉田が相手からボールを奪取した後に倒され、相手選手が一発退場。数的優位となり、ボールを保持して攻め込む時間が続いた。

両サイドを起点に、計15本ものシュートを浴びせながらも1点止まり。指揮官も「そこの課題は残った」と満足はしていないものの、「執着心を持って、攻め続けたゴールだったと思う」とチーム一丸で奪った3試合ぶりの得点を評価した。

残り1枠の昇格を争う2位の相模原と4位の岐阜が、前日の試合でともに白星。東が「負けたら終わりだと思って臨んだ」と明かしたように、落とせなかった一戦で勝ちきった意味は大きい。

岐阜と5位の富山との勝ち点差が5に開くなど、残り4試合で少しずつ絞られつつある昇格争い。より重圧も掛かる状況となるが、「気負わずに楽しみながらプレーしていきたい」と吉田。最後までその姿勢を崩さずに戦い抜けるか。

横山監督

「厳しい試合だったが、1点を取って勝ちきれたことは良かった。相手が早い時間で退場者を出してボールを持てる展開になったが、終盤戦の課題でもある決めきるというところで課題も多く残った。ただ、勝ったので、いい雰囲気でアウェー2連戦に臨む」

執念２位　自力昇格の可能性

この日から新たにサポーターがゴール裏に掲げた横断幕には「ゴールへの気迫！勝利への執念！」と刻まれていた。そのメッセージに応えるかのように、AC長野は4試合ぶりに複数得点を挙げてJ2昇格圏内に再浮上。自力で昇格をつかむチャンスを手にした。

立ち上がりから不用意にボールを失う場面が目立ち、リズムをつかめなかった。リーグ最多失点の相手に中央を固められ、前半の終盤までは得点の気配がなかった。

横山監督が「サイドから攻略することが大きなポイントだった」と振り返ったように、得点はサイド攻撃から生まれた。前半42分、水谷が右サイドの吉村へ大きくサイドチェンジ。「逆サイドが空く印象があった。いいタイミングでボールをくれた」と吉村がマイナスのクロスを入れ、三田が右足で冷静に決めた。

後半14分の決勝点も吉村の右クロスからチャンスを広げて右CKを獲得。浦上がCKに直接頭で合わせたボールが枠に当たり、相手がその処理を誤ってオウンゴールとなった。追い付かれた4分後に取り返した意味は大きかった。三田は「絶対落とせない試合で、追加点を取って決めようと意思統一できていた」とうなずいた。

勝ち点で並んでいた岐阜が前日に敗れ、相模原が引き分けたことで、混戦状態でわずかにリードした。残りは3試合。三田が「目の前の試合に取り組むだけ」といえば、吉村も「トーナメントのつもりで戦う」。これまでと変わらず、一戦必勝の構えで戦い抜く。

連勝で勝ち点55　2位

前線の妹尾が18試合ぶり、岡が2試合ぶりに先発。前半42分、吉村の右クロスを三田が右足で直接押し込んで先制。後半10分にFKの流れから追い付かれたものの、14分に右CKからオウンゴールで勝ち越した。41分には佐相が相手と競り合いながらゴールを決め、突き放した。2連勝で勝ち点を55に伸ばし、J2昇格圏内の2位に再浮上。相模原は八戸と1-1で引き分け、勝ち点54で3位に後退した。

後半14分、右CKからオウンゴールで勝ち越して喜ぶ浦上（手前右）や坪川（左から２人目）ら

前半40分、先制のシュートを決める三田

G大阪 U−23 0-1 長野

第32節 12/9 AWAY パナソニックスタジアム吹田

J2「王手」悲願へ加速

三田の千金弾、全員で守った

昇格争いの重圧がのしかかる中で迎えた中2日でのアウェー2連戦。過密日程の苦しい一戦だったが、初の昇格へ向けてAC長野はまた一つの壁を越えた。

G大阪はトップチームの試合間隔が16日まで空くことからか、J1にも出場している若手も起用。AC長野はボランチの坪川が前半25分に負傷交代するなど、重苦しい雰囲気が続いていた。

打開したのはチーム最多得点の三田だ。前半40分、東が敵陣のタッチラインで粘り、パスを受けた水谷がドリブルで敵陣深くまで侵入。ゴール前の三田に低いクロスを入れる。「苦しい時間が長かった中で、チャンスがくると思って準備していた」と三田。一度はシュートを相手にブロックされたが、足元にこぼれたボールを落ち着いて決めた。

2試合連続のゴールで、八戸でプレーした昨季に続く2桁得点を挙げ、「僕の中の一つの目標だったので率直にうれしい」。AC長野の選手が2桁得点をマークしたのは5季ぶり。得点ランキングは6位タイに浮上したが、「チームの勝利が優先で、結果的にゴールにつながればいい」。

苦しい時間帯も全員で体を張って1点を守り切り、「全員が頑張ってくれたし、気持ちがゴールにつながったと思う」と横山監督。残り2試合はホームで、サポーターの目の前で昇格をつかみ取れる絶好の機会を手にした。「最大の準備をして全力を尽くす。それに尽きる」と指揮官。悲願達成へ舞台は整った。

前線の吉田と東がともに2試合ぶりに先発。お互いに仕掛け合う展開が続いていた前半40分、水谷の左クロスから三田が左足で決めて先制した。後半はボールを保持されて攻め込まれる場面が多かったが、シュートまで持ち込ませず無失点でしのいだ。

横山監督

「残り3試合のいよいよ終盤というところで迎えたゲームで、とにかく勝ち点3が欲しかった。得点シーンが多いゲームではなかったが、選手の頑張りや気持ちが伝わったと思う」

GK立川

「苦しい時間も長かったけれど、みんながハードワークして体を張って守った。チームとしても無失点で勝ててすごく良かった」

前半40分、先制ゴールを決めた三田（右から２人目）と喜ぶ東（同３人目）ら

今季最多のサポーターが長野Uスタジアムのスタンドを埋め、声援を送った

昇格持ち越し スコアレスドロー

前線の佐野が6試合ぶり、右サイドバックの遠藤が7試合ぶりに先発した。前半はAC長野 が攻勢でCKなどからゴールに迫りながらも無得点。後半は岐阜の圧力に押され、ボールを保持される時間が長かったが、GK立川の好セーブなどで守り切った。

横山監督

「場合によっては昇格が決まる状況で、本当に多くのファン、サポーターがいい雰囲気をつくってくれた。勝ち点3を目指したが、結果的には少し残念。ホームであと1試合できるので、自分たちで昇格をつかみ取れるように準備をしていきたい」

粘り強く体張り、2位キープ

1時間前に試合が始まった相模原が引き分け、AC長野は勝てばJ2昇格がほぼ確実になる状況だった。今季のJ3で最多となる5636人の観客が集まった一戦で、AC長野の連勝は止まったものの、勝ち点1を上積みして2位をキープ。優位なまま最終節へ望みをつなげた。

前半は、1年でのJ2復帰を目指す岐阜の攻撃陣にシュートを2本しか許さず主導権を握っていたが、後半に入ると一変。相手が圧力を強めるとボールを保持される時間が続き、守備ラインの背後を狙われて後半だけで8本もシュートを浴びた。

それでも「連戦の疲労もあった中で、ハードワークをしていて内容は良かったと思う」と横山監督。今季磨いてきたスタイルはぶれることなく粘り強く体を張り、最後までゴールを割らせなかった。センターバックの広瀬も「全員で守って、カウンターを狙っていけた」と強調した。

しのぎ続け、交代カードも切りながら迎えた後半44分。敵陣での相手のスローインから大城がボールを奪い、マイナスの左クロスを入れる。直接左足で合わせた三田のシュートは惜しくもGKに阻まれ、三田は「しっかりと決めるべきだったし、僕自身の責任」と悔しがった。

3チームが可能性を残す昇格争いの行方は最終節に持ち越された。泣いても笑っても残りは1試合。「勝てば文句なくJ2。最終節は勝つだけ」と広瀬。歓喜の瞬間は自分たちでつかみ取る。

後半、ゴールを守る(左から)GK立川、広瀬

長野 0-0 岐阜

第33節 12/13 HOME 長野Uスタジアム

初のJ2昇格を逃し肩を落とす選手たち

昇格逃す

ボランチの岩沼が5試合ぶりに先発。前半はAC長野がシュートを5本放つなど、攻め込んだが得点できず0-0で折り返した。後半10分、右サイドからの低いクロスにうまく詰められて失点。その後は交代カードを切ってシステムも変えるなどしたが、同40分に自陣でパスを奪われて2点目を許した。

横山監督

「とにかく勝って昇格を決めたい試合だった。朝から雪が降る中でこれだけ多くのファン、サポーターが来ていただいたが、ただただ申し訳ないし、情けない。チャンスをつくれていたが、そこで決めきれなかった。実力が足りなかった」

長野 0-2 岩手

第34節 12/20 HOME 長野Uスタジアム

レディース

駒ぞろいで挑んだ異例のシーズン

なでしこ2部5位、来季はプロリーグ参戦

今季のAC長野パルセイロ・レディースは、なでしこリーグ1部から降格し2部で戦った。若手中心に14人を補強。1年目の佐野監督の下、下部組織の3人を含む27人体制でリーグ優勝を目指した。リーグ戦は10チーム中5位に終わったが、佐野監督は「試合を重ねるごとに、攻守において内容は改善している」と手応えを口にする。

新型コロナウイルスの影響で開幕が7月18日に延期となったなでしこリーグ。2部は10チームが18節まで2回戦総当たりで争った。AC長野は、長野Uスタジアムに昨季3位のちふれAS埼玉を迎えて開幕戦に臨んだ。

今季は1部のアルビレックス新潟から獲得した池田や、日体大FIELDS横浜出身の岡本と住永に即戦力の期待が懸かった。攻撃では欧州クラブを経て今季復帰した元日本代表の泊、けがを克服した中村（長野市出身）や下部組織登録の川船（同）ら、守備では五嶋、また世代別日本代表の瀧澤（岡谷市出身）と監督がキープレーヤーに推す三谷の両サイドMFなど戦力的にも駒はそろっていた。

リーグ戦開幕が約4カ月遅れたため、18週連続の試合となった。第2節までは無観客試合で行われ、1部と2部の合同カップ戦は新型コロナで中止となった。AC長野は来季、新たに発足するプロリーグ「WEリーグ」に参戦する。

AC長野パルセイロレディース

伊藤有里彩 Yuria ITO **21 GK**

❶2001.4.2 ❷171㎝／58kg ❸B型
❹長野県 ❺前橋育英高

池ケ谷夏美 Natsumi IKEGAYA **1 GK**

❶1990.6.14 ❷163㎝／53kg ❸A型
❹静岡県 ❺岡山湯郷Belle

野口美也 Miya NOGUCHI **2 DF**

❶1992.12.7 ❷168㎝／60kg ❸B型
❹徳島県 ❺神戸親和女子大

新井 翠 Midori ARAI **22 GK**

❶1993.8.12 ❷168㎝／62kg ❸A型 ❹埼玉県
❺ベイサイド・ユナイテッドFC/オーストラリア

池田玲奈 Reina IKEDA **4 DF**

❶1997.5.24 ❷164㎝／53kg ❸O型
❹新潟県 ❺アルビレックス新潟レディース

五嶋京香 Kyoka GOSHIMA **3 DF**

❶1997.1.15 ❷156㎝／49kg ❸AB型
❹大分県 ❺大分トリニータレディース

Manager
佐野佑樹 Yuki SANO

❶1983.6.23 ❷171cm／62kg ❸O型 ❹福岡県 ❺AC長野パルセイロ 普及コーディネーター、JFAエリートプログラム女子U-13 監督、JFAエリートプログラム女子U-14 コーチ、U-15日本女子選抜コーチ

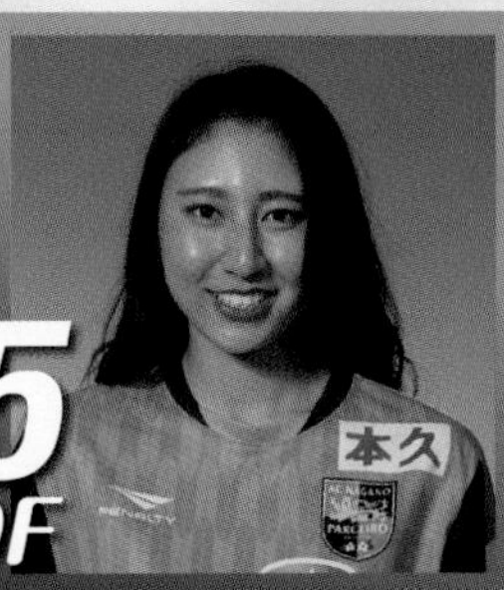

大河内友貴 Yuki OKOCHI **5 DF**

❶2000.9.15 ❷160㎝／53kg ❸AB型
❹北海道 ❺常盤木高

❶生年月日 ❷身長／体重 ❸血液型
❹出身地 ❺前所属チーム

藤田理子 Riko FUJITA **19** DF
❶1997.9.29 ❷165㎝／55kg ❸O型
❹千葉県 ❺神奈川大

原 海七 Mina HARA **15** DF
❶2000.5.25 ❷165㎝／49kg ❸O型
❹大阪府 ❺INAC神戸レオンチーナ

大久保 舞 Mai OKUBO **6** MF
❶1996.9.3 ❷160㎝／53kg ❸O型 ❹山梨県
❺ジェフユナイテッド市原・千葉レディース

神津 萌 Moe KOUZU **30** DF
❶2004.5.11 ❷160㎝／54kg ❸O型
❹長野県 ❺AC長野パルセイロ・シュヴェスター

村上日奈子 Hinako MURAKAMI **20** DF
❶2000.2.16 ❷157㎝／47kg ❸A型
❹宮崎県 ❺武蔵丘短大CIENCIA

住永楽夢 Ramu SUMINAGA **8** MF
❶1998.3.5 ❷148㎝／48kg ❸O型
❹熊本県 ❺日体大FIELDS横浜

瀧澤千聖 Chise TAKIZAWA **7** MF
❶2001.2.14 ❷152㎝／44kg ❸A型
❹長野県 ❺十文字高

山岸夢歩 Yumeho YAMAGISHI **16** MF
❶2000.8.4 ❷153㎝／50kg ❸B型
❹長野県 ❺開志学園JSC

小林和音 Kazune KOBAYASHI **13** MF
❶1999.9.14 ❷162㎝／55kg ❸O型
❹長野県 ❺武蔵丘短大CIENCIA

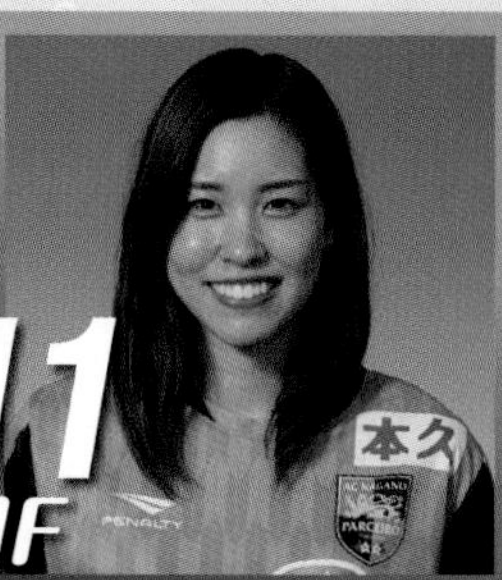

三谷沙也加 Sayaka MITANI **11** MF
❶1995.5.13 ❷162㎝／50kg ❸B型
❹岡山県 ❺浦和レッドダイヤモンズレディース

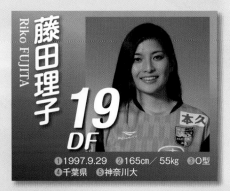

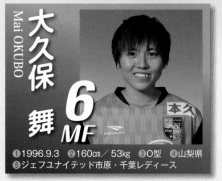

岡本祐花 Yuka OKAMOTO
26 MF
❶1997.9.20 ❷167㎝／53㎏ ❸AB型
❹東京都 ❺日体大FIELDS横浜

小泉綾乃 Ayano KOIZUMI
25 MF
❶1998.3.15 ❷153㎝／50㎏ ❸A型
❹埼玉県 ❺流通経済大

肝付 萌 Moe KIMOTSUKI
17 MF
❶1997.6.17 ❷157㎝／49㎏ ❸B型
❹神奈川県 ❺山梨学院大

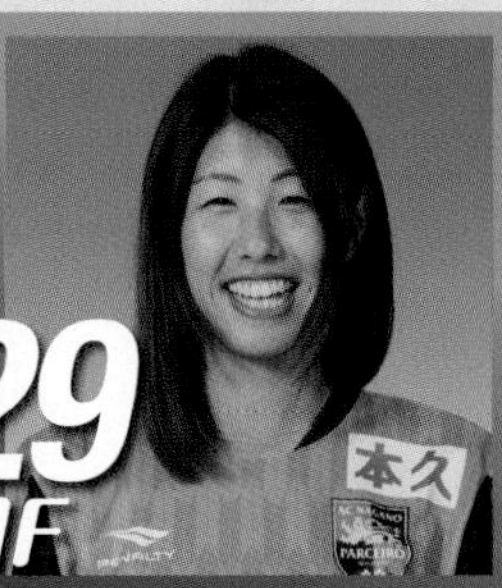

西林里恵 Rie NISHIBAYASHI
29 MF
❶1994.1.9 ❷160㎝／50㎏ ❸O型
❹長野県 ❺1.FCザールブリュッケン/ドイツ

松里みのり Minori MATSUZATO
28 MF
❶2003.10.17 ❷156㎝／46㎏ ❸O型
❹長野県 ❺AC長野パルセイロ・シュヴェスター

小山由梨奈 Yurina KOYAMA
18 FW
❶1997.5.18 ❷159㎝／53㎏ ❸O型
❹東京都 ❺山梨学院大

泊 志穂 Shiho TOMARI
14 FW
❶1990.3.26 ❷153㎝／48㎏ ❸O型
❹愛知県 ❺BVクロッペンブルグ/ドイツ

中村恵実 Megumi NAKAMURA
9 FW
❶2000.8.24 ❷167㎝／57㎏ ❸A型
❹長野県 ❺常盤木高

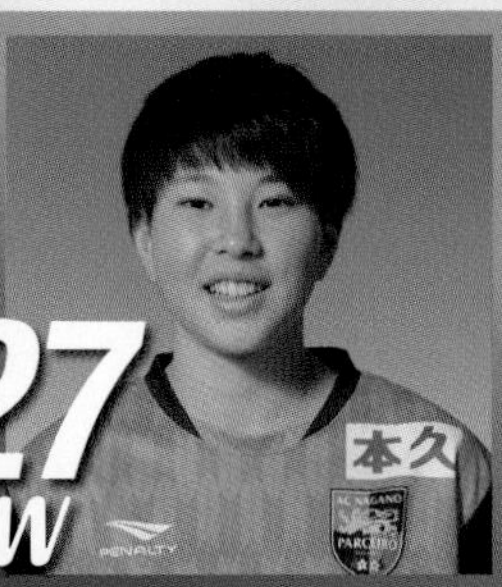

川船暁海 Akimi KAWAFUNE
27 FW
❶2003.12.25 ❷160㎝／56㎏ ❸A型
❹長野県 ❺AC長野パルセイロ・シュヴェスター

中貝 夢 Yuna NAKAGAI
23 FW
❶1999.9.17 ❷162㎝／51㎏ ❸AB型
❹愛知県 ❺武蔵丘短大CIENCIA

AC長野パルセイロ・レディース　2020の戦績

■なでしこ２部順位表

順位	チーム	勝ち点	試合数	勝	分	負	得点	失点	得失点
1	スフィーダ世田谷FC	37	18	11	4	3	34	18	+16
2	ちふれASエルフェン埼玉	36	18	11	3	4	33	13	+20
3	オルカ鴨川FC	34	18	10	4	4	37	18	+19
4	ニッパツ横浜FCシーガルズ	32	18	8	8	2	29	8	+21
5	**AC長野パルセイロ・レディース**	**28**	**18**	**8**	**4**	**6**	**22**	**13**	**+9**
6	ASハリマアルビオン	26	18	8	2	8	25	22	+3
7	大和シルフィード	26	18	7	5	6	15	16	−1
8	FC十文字VENTUS	13	18	3	4	11	15	40	−25
9	日体大FIELDS横浜	9	18	2	3	13	7	46	−39
10	バニーズ京都SC	8	18	1	5	12	8	31	−23

■戦績一覧　なでしこ２部

節	試合日	結果	対戦チーム	会場
1	7/19(日)	● 0-1	ちふれASエルフェン埼玉	長野Uスタジアム
2	7/25(土)	△ 0-0	オルカ鴨川FC	国際武道大
3	8/01(土)	● 0-1	ASハリマアルビオン	長野Uスタジアム
4	8/08(土)	△ 1-1	スフィーダ世田谷FC	長野Uスタジアム
5	8/15(土)	○ 3-1	日体大FIELDS横浜	日産フィールド小机
6	8/23(日)	○ 5-0	FC十文字VENTUS	熊谷スポーツ文化公園陸上競技場
7	8/30(日)	● 0-1	大和シルフィード	佐久総合運動公園陸上競技場
8	9/06(日)	○ 3-0	バニーズ京都SC	サンガスタジアム by KYOCERA
9	9/12(土)	○ 2-1	ちふれASエルフェン埼玉	栃木県グリーンスタジアム
10	9/20(日)	△ 0-0	ニッパツ横浜FCシーガルズ	長野Uスタジアム
11	9/27(日)	● 1-2	オルカ鴨川FC	長野Uスタジアム
12	10/03(土)	● 0-2	スフィーダ世田谷FC	AGFフィールド
13	10/10(土)	○ 2-0	日体大FIELDS横浜	長野Uスタジアム
14	10/17(土)	○ 1-0	FC十文字VENTUS	長野Uスタジアム
15	10/25(日)	○ 1-0	大和シルフィード	大和なでしこスタジアム
16	11/01(日)	△ 1-1	バニーズ京都SC	長野Uスタジアム
17	11/07(土)	○ 2-1	ASハリマアルビオン	ウインク陸上競技場
18	11/15(日)	● 0-1	ニッパツ横浜FCシーガルズ	日産フィールド小机

がんばれ!!
AC長野パルセイロ
AC NAGANO
PARCEIRO
©2008 PARCEIRO
NBS週刊
ながのスポーツ!
AC長野パルセイロの試合を
詳しくお伝えします!
毎週土曜日
午前10:25～
NBS
長野放送

前半、ドリブルで
攻め上がる泊

開幕飾れず

無観客で行われた開幕戦。５季ぶり参戦の２部を黒星でスタートした。新加入の岡本、住永がボランチで先発。２トップには泊と中村（長野市出身）が入った。後半19分、相手MF田嶋に先制ゴールを許す苦しい展開。同点ゴールを狙って攻め込んだが決めきれなかった。

ゴールを守るGK池ケ谷らAC長野の選手

新たな姿、粘り強さは示す

２部で再出発したAC長野は初戦を飾れなかった。ちふれAS埼玉に０－１。３季ぶりにチームに復帰した元日本代表の泊は「良い準備をしてきていたので悔しい」と肩を落とした。

前半は相手の猛攻をしのぎ０－０。後半19分、運動量が落ちたところを狙われた。自陣ペナルティーエリア右角から相手に侵入を許し、ゴール左下隅へ蹴り込まれた。GK池ケ谷は「対応していた大河内にもっとシュート角度を狭めさせれば良かった」。

後半残り10分、ヘディングの強い２人を同時に投入して、相手ゴール前へ張り付かせロングボールから得点を狙った。しかし、惜しい場面もあったが追いつけなかった。

ちふれAS埼玉は昨季２部３位で、昨年の皇后杯は４強入り。足元の技術が高く、短いパス交換とポジション変更で揺さぶってきた。AC長野は失点以外の場面はしっかり守っており、課題は攻撃だろう。ボールを奪った後、慌てて前へ蹴ってしまい、相手ゴールまで迫りきれなかった。佐野監督は「ボールロストで単調なカウンターになってしまった」と次節への修正点を挙げた。

負けはしたものの、互いにミスをカバーし合い粘り強く戦う新しい姿を示したのは確か。新加入４人を先発起用した指揮官は「選手たちはいろんな思いでいま長野にいる。全員がリーグ戦の18試合で成長し、良いシーズンにしたい」と話した。

川船ら投入も無得点ドロー

今季初先発した肝付以外は前節と同じ布陣。後半に川船（長野市出身）や野口らを投入したがゴールできなかった。シュート数はＡＣ長野７、鴨川６。この試合も無観客で行われた。

第２節

オルカ鴨川	0 - 0	AC長野

7/25　AWAY

後半、ボールを追いゴール前に飛び込むも相手GKに阻まれる瀧澤

第３節

AC長野　0 - 1　ASハリマ

8/1　HOME

後半ロスタイム、ASハリマのシュートを止めるGK池ケ谷（中央奥）。
ゴールを割っていたとの判定で決勝点となる

痛恨の終盤

前節と同じ先発メンバーで臨んだ。前半を０－０で折り返すと後半は攻勢に出たがゴールできず、ロスタイム３分にGK池ケ谷のオウンゴールで決勝点を奪われた。今季初めて有観客で２試合が行われた。

キャッチ…が　オウンゴールで失点

痛恨のオウンゴールで敗れた。AC長野は０－０で迎えた後半ロスタイム３分、相手の左CKでGK池ケ谷がキャッチミス。ボールはゴールラインを割った。池ケ谷は「パンチングした方が良かったかもしれない」と無念そうだった。

ロングボールを放り込んでくる相手に対し、AC長野は体を張った粘り強い守りを見せた。しかし前半は、味方へのパスに迷いが出始めてからペースを握られた。

それでも後半に息を吹き返す。前線の動きが活発になって敵陣に押し込む。スペースへ走り込む選手にボールが渡り、攻撃に推進力が出た。交代出場の川船も積極的に仕掛けた。しかし何かが足りない。住永は「パス、パスという選択肢が多くて個人的にはシュートを打つ場面が少なかった」と反省した。

後半29分、CKから相手のヘディングシュートは池ケ谷が好セーブした。さらに相手の方が好機が多かっただけに池ケ谷の最後のミスばかり責められないだろう。３試合ノーゴールという結果に佐野監督は「練習でやり込んできた形は出てきている。１点入れば良いきっかけになる」と次戦を見据えた。

0－1で敗れ厳しい表情のAC長野の選手たち

佐野監督

「ハーフタイムに選手の距離感などを修正すると、後半は攻撃が活性化できたと思う。率直に言って残念なゲーム。相手にCKを与えすぎてしまった」

第４節

AC長野　1 - 1　スフィーダ世田谷

8/8　HOME

前半22分、同点シュートを決める中村

後半、勝ち越せず

けがから約10カ月ぶりに公式戦に復帰した大久保が今季初先発。ここ３試合はボランチだった住永を右MFに回した。前半１分、相手の右CKから失点したが同22分、中村（長野市出身）のチーム今季初得点で同点に追い付いた。後半は途中出場した下部組織選手登録の川船（長野市出身）と瀧澤（岡谷市出身）が積極的にゴールを狙ったものの勝ち越せなかった。

選手一丸、泥くさく

試合の入りは最悪。前半１分で失点した。しかし同22分、中村が値千金の同点シュート。19歳のFWは「流れは悪かったが、全員一丸になれた」と実感を込めた。

開始直後の失点は、右CKからゴール中央に飛び込まれた。前節は終了直前にCKを与え、そこから失点して敗れた。その反省が生かされなかったのだから精神的ダメージは大きかったはず。その後の10分ほどは相手の猛攻を受けてふらふらになりながらも、GK池ケ谷の好セーブでしのいだ。

中村の得点は、大河内のロングボールから決めた。ワンタッチで冷静に流し込んだ中村は「無心で戦っていた。決まった瞬間は不思議な気持ちになった」。入団した昨季はけがが多く、リーグ戦２試合出場で無得点。その悔しさを晴らした。

前半は相手ペースだった。しかし後半は若いぎらぎらした血がチームに活力を注入。19歳の瀧澤と16歳の川船が鋭い動きで前線を駆けた。それでもゴールが遠く佐野監督は「勝ち点３を取りたかった」と嘆いた。

勝てなかったが、後味は悪くない。それは選手たちが最後まで泥くさく戦ったからだろう。中村は「チャンスで決めきれる選手になりたい」と力を込めた。

MF 大久保

勝利、届けたかった

（昨年10月に左膝を痛め、長いリハビリを経て今季初先発）「チームに貢献することを心掛けてピッチに立った。スタジアムが良い雰囲気で、モチベーションも上がっていたので勝利を届けたかった」

後半、ゴールを狙うも相手GKに阻まれ交錯する三谷

第５節

日体大 1 - 3 AC長野

8/15 AWAY

序盤に先制、今季初白星

今季初勝利を飾った。後半途中から出場した泊が２ゴールを挙げ、日体大を突き放した。前半４分、速攻から中村の左足シュートで先制した。後半４分、左CKからのヘディングシュートで同点とされたが、同37分に大久保のスルーパスに反応した泊のゴールで勝ち越した。泊は後半ロスタイム４分にもゴールを決めた。シュート数はAC長野16、日体大５。

第６節

FC十文字 0 - 5 AC長野

8/23 AWAY

連勝　中村が３戦連発

FC十文字に５－０で大勝した。今季加入したGK新井、DF藤田が初先発。前半30分と33分にFW中村（長野市出身）が立て続けに決めると、MFの瀧澤と大久保が続き、前半だけで４得点と畳み掛けた。後半22分にMF三谷がダメを押した。中村は３試合連続ゴール。２連勝で２勝２分け２敗。勝ち点８で順位は７位のまま。シュート数はAC長野が21、十文字は９。観客数は176人。

前半、相手DFらに囲まれる瀧澤

第７節

AC長野 0 - 1 大和

8/30　HOME

躍動感伝わらず　残念…

AC長野の選手から躍動感が伝わらなかった。ＧＫ池ケ谷の凡ミスで前半11分に失点すると、攻撃もちぐはぐで大和の堅い守りを崩せない。佐野監督は「０－１の敗戦は残念すぎる」と険しい表情で語った。

失点場面は、相手のＦＫが伸びてＤＦがクリアにいけず、ワンバウンドしてゴールネットを揺らした。「あの瞬間にもう一歩下がれば良かった」と池ケ谷。

ただ、最も残念だったのは選手たちに勝利への執念が見られなかったことだろう。ピリッとしない立ち上がりを突かれ、出足の速い相手に流れをもっていかれた。前半のシュートはゼロ。相手の運動量が落ちた後半に少し巻き返したが、最大の見せ場だった41分のDF大河内のシュートは力なかった。攻撃の核になっていた瀧澤がマークされ、ボールを何度も奪われた。「ワンタッチ目を狙われた。そこを試合中に修正できなかった」と滝沢。

ホームの観客の前で、ふがいない試合をした。今後、強い精神力やここぞという時の的確な判断力をどう磨くか。指揮官は「この試合から選手、スタッフが学ばなければいけない」と強調した。

ちぐはぐ敗戦

池ケ谷が２試合ぶり、泊が３試合ぶりに先発。前半11分、相手の右FKのボールがワンバウンドしてゴールに入り失点した。１点を追うAC長野は２試合連続先発の藤田が、積極的にオーバーラップを仕掛けるなど反撃を試みたが及ばなかった。連勝は２で止まり４試合ぶりの黒星。シュート数はAC長野が４、大和は５。

CKに飛び込むも阻まれる住永（中央）らAC長野の選手

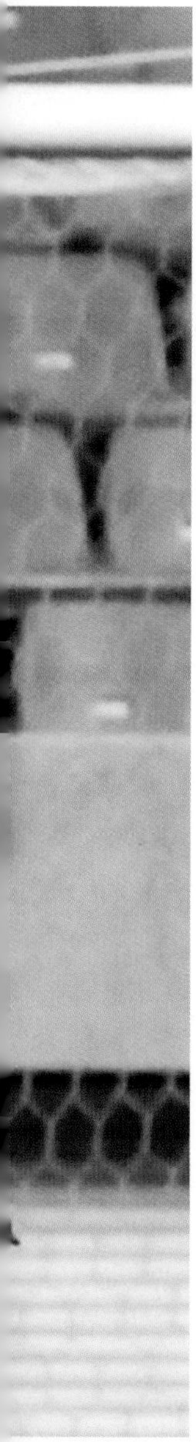

気迫は見せたが勝ち点1

「内容的には成長した姿を見せられたが、勝ち点3を取れなかったのが悔しい」。佐野監督がこう話したように、AC長野は惜しい試合を引き分けた。

全体として、選手たちの気迫が伝わってくる好ゲーム。前回ホーム戦（第7節、佐久市）で、戦う姿勢を見せられず観客を失望させたひ弱さはなかった。

前半20分ぐらいまでは相手の攻撃を受けた。しかしFW瀧澤の位置を少し上げてからはほぼAC長野ペース。「相手の9番やサイドの選手の特長はつかんでいた。アグレッシブに行けた」とセンターバックの五嶋。前線からの爆発的なプレス守備や住永らの忠実なハードワークがチームを支えた。

攻撃は中村がボールを収めた。守りから攻撃に移る時のスピード感があり、スペースへ走り込んだ三谷が2度、決定的なシュートを放った。しかし決めきれず三谷は「力が入り過ぎた」とうなだれた。

今季は監督や選手の多くが入れ替わった。勝負のしたたかさを身に付けたり、細部を詰めきったりするのはこれからだろう。三谷は「この借りは返す」とさらなる成長を誓った。

第8節

バニーズ京都 0-3 AC長野

9/6 AWAY

快勝　川船、リーグ初ゴール

2試合ぶりの勝利を飾った。三谷が2試合ぶりに先発復帰。住永が前半34分と後半16分に得点を挙げると、途中出場した16歳の川船（長野市出身）が後半31分にリーグ初ゴールを決めて突き放した。シュート数はAC長野が25本、京都SCは4本。

第9節

ちふれ 1-2 AC長野

9/12 AWAY

藤田が今季初ゴール

2－1で逆転勝ち。前節と同じ先発布陣。前半6分に先制されたものの、同16分に中村（長野市出身）のゴールで追い付いた。後半38分、藤田の今季初ゴールで勝ち越した。シュート数はAC長野5本、埼玉7本。観客は210人。

第10節

AC長野 0 - 0 ニッパツ

9/20 HOME

攻勢でも1点が遠く

前節と同じ先発布陣。立ち上がりから相手に押し込まれたものの、前半20分過ぎから主導権を握って攻勢に出た。惜しいシュートを放ったが決めきれず、後半に入っても危ない場面はほとんどなかったが、1点が遠かった。連勝は2で止まった。

後半、敵陣にボールを運ぶ三谷（右から２人目）

第11節

AC長野 1 - 2 オルカ鴨川

9/27 HOME

後半、追いつけず

左サイドバックの池田が６試合ぶりに先発。前半16分と20分にハンドによるPKを決められた。同25分に大久保のゴールで１点を返し、後半は攻勢に出たが追いつけなかった。

誤算、PKで２失点

内容に結果が伴ってこない。AC長野はしっかり守れていたし、攻撃では自陣からパスをつないで攻め込んだ。しかし、前半20分までに与えたＰＫでの２失点が誤算。FD大河内は「やりきれない思い」とがっくり肩を落とした。

前半は、得点ランキング１位の中嶋にスペースを与えすぎた。PKは２回とも中嶋にゴール前の混戦に持ち込まれ、ボールがDFの手に当たった。佐野監督が「映像で確認しないといけないが、あれでハンドを取られるのか」と嘆いたように、微妙な判定に見えた。

苦しい状況から鮮やかな形で１点を取り返した。自陣左から６本以上のパスをつなぎ、最後は肝付の右クロスを大久保がゴール前で巧みに合わせる。攻撃の組み立てに絡み、約50メートルを走り切った大久保は「あとは合わせるだけの良いボールが入ってきた」。後半は岡本や瀧澤がゴールに迫ったが、相手の粘り強い守りを崩せなかった。

今できることを整理して１試合ごとに成長しているが、今季はホーム戦未勝利が続く。

後半、相手MFと競り合う大久保

前半25分、シュートを決め
１点を返す大久保

第12節

スフィーダ世田谷 2 - 0 AC長野

10/3 AWAY

反撃の見せ場なく２連敗

前節と同じ先発で臨んだ。前半だけでシュート８本を浴びるなど守勢で、18分に自陣深くで球を奪われて失点。後半２分に自陣中央からパスをつながれて同じ選手にゴールを奪われると、最後まで反撃することはできなかった。

第13節

後半、競り合う中村

AC長野　2 - 0　日体大

10/10　HOME

ホーム戦で初勝利

前半22分、敵陣深くでこぼれ球を拾ったDF池田が左クロスを上げ、FW中村が頭で合わせて先制。後半23分にはMF大久保の左ショートコーナーから、球を受けたDF肝付が右足で距離のあるシュートを決めた。14本のシュートを放ち、相手シュートは1本に抑えた。

前半22分、中村が頭で押し込んで先制

「ぶれずにやった」。持ち味発揮

ホーム試合で今季勝てていなかったAC長野が7試合目で初勝利を手にした。「多くの人が見てくれる中で勝てず、もどかしさがあった」というDF肝付は「そこにとらわれすぎずに、自分たちのサッカーをぶれずにやった」と勝因を挙げた。

前半15分ごろまで日体大の速いパス回しに球を奪えずにいると、佐野監督は中盤の選手らに位置の交代を指示。これで持ち味の前線からの守備の圧力が高まり、好機が増えた。FW中村がGKをかわして放ったシュートはポストにはじかれたが、「流れはパルセイロにあった」と慌てず、こぼれ球からのクロスを頭で押し込んで先制した。

その後も高さのある中村ら2トップを軸にした縦への推進力とクロス攻撃で主導権を堅持した。後半半ばには、枠内を狙って右足で蹴った肝付の長いクロスがそのままゴールに吸い込まれた。

佐野監督は「2連敗していた試合も、内容は悪くなかった」と着実に地力は積み上がっているとし、「やっと勝ててほっとしている。ゴール前の精度にこだわりたい」と残り5試合を見据えた。

第14節

AC長野 **1 - 0** FC十文字

10/17 HOME

ホーム２連勝

前半立ち上がりから攻勢を強めたものの、シュートまで持ち込めない場面も多く無得点で折り返した。後半は選手を入れ替えながら相手ゴールに迫り、39分に肝付のロングボールのこぼれ球を岡本が右足を伸ばして押し込んだ。

岡本、先発落ちから奮起

スコアレスドローが現実味を帯びつつあった試合終盤。後半39分に肝付がロングボールを入れると、相手DFが処理を誤ってペナルティーエリア内にボールが落ちた。「相手の背後を狙うことを意識していた。うまい具合にこぼれてきた」と岡本。うまくスペースに入って競り合いながら右足を懸命に伸ばし、ゴール左隅へと押し込んだ。

今季初の先発落ちで、この日はベンチスタートだった。「悔しい気持ちはあったし、結果を残したかった」と岡本。後半から出場し、左サイドからのクロスやシュートで存在感を示していた。なでしこリーグ初得点となり、「得点という形で結果を残せたことは良かった」とうなずいた。

15日に来年９月開幕のプロリーグ「WEリーグ」への参入が決定したものの、あと４試合を残す今季は２部で下位にとどまっている。佐野監督は「今の順位は満足していない。一つでも上の順位を狙いたい」と強調した。

後半39分、右足を伸ばしてゴールに押し込む岡本

第15節

大和	0 - 1	AC長野
	10/25 AWAY	

１点を守り抜き、３連勝

今季初の３連勝を飾った。前節から先発２人を入れ替え、中貝が今季初、岡本が２試合ぶりに先発。前半24分に大久保のクロスを岡本が頭で合わせて先制した。守備陣がこの１点を守り抜き、３試合連続無失点とした。

第16節

AC長野 1－1 バニーズ京都

11/1 HOME

手痛いドロー

最下位（10位）のバニーズ京都と１－１で引き分けた。連勝は３止まり。前節から先発２人を入れ替え、中村（長野市出身）と瀧澤（岡谷市出身）が２試合ぶりに先発。押し気味に試合を進めていた前半17分、直接ＦＫを決められて４試合ぶりに失点し、前半を０－１で折り返した。後半も主導権を握りながらゴールが奪えない時間帯が続いたが、同41分に途中出場の川船（長野市出身）がゴール前のこぼれ球を押し込み、同点に追い付いた。シュート数は相手より８本多い13本だった。

V消えても残る2試合必勝を

4連勝が懸かっていたAC長野は、今季最多となる1644人の観客が入って迎えたホーム最終戦。今季1勝で最下位に沈むバニーズ京都を相手に負けられない試合は、手痛い引き分けに終わった。前節終了時で勝ち点4差だった首位との差が広がり、可能性が残っていた優勝はこの日で完全に消えた。

前半17分、相手のFKがそのままゴールラインを割った。序盤から優位に試合を進めながらも、追う展開になった。

後半開始と同時に中貝と16歳の川船を2トップで投入した。「点を取りにいく姿勢を選手に伝えた」と佐野監督。前線から連動したプレスを掛けてボールを奪い、攻撃機会は増した。

ゴールをこじ開けたのは後半41分。相手ゴール前の混戦から味方が放ったシュートの跳ね返りを、川船が左足で押し込んだ。川船は「うれしかったけれど、残り時間も少なかったので」と素直に喜べなかった。

目標の優勝はなくなったが、「開幕からの4戦（2分け2敗）では見られなかった選手たちの粘り強さ、点を取る姿勢を評価したい」と佐野監督。成長の階段を着実に上がっているチームに手応えを示し、残り2試合の必勝を期した。

後半41分、川船（左から5人目）がゴール前のこぼれ球を押し込み、1－1の同点に追い付く

佐野監督

「勝ち点3を皆さん（サポーター）にプレゼントできなかったことが非常に悔しい。ホームゲームはきょうで最後だが、残り2試合、なんとしても勝ち点6を取り、順位を一つでも上げたい」

第17節

ASハリマ 1 - 2 AC長野

11/7 AWAY

中村が2発、逆転勝ち

逆転勝ちした。前節から先発3人を入れ替え、FW川船（長野市出身）とGK伊藤（諏訪市出身）が今季初先発。前半28分に先制を許したが、後半から出場した中村（長野市出身）が同17分に同点ゴールを挙げた。中村は7分後にもゴールを決め、守備陣がリードを守り抜いた。シュート数はASハリマより3本少ない5本だった。

第18節

ニッパツ 1 - 0 AC長野

11/15 AWAY

最終節は敗れ、今季5位

最終節は0－1で敗れ、通算8勝4分け6敗の勝ち点28で、今季を5位で終えた。前節から先発4人を入れ替えた。前半16分、前節まで得点ランク2位タイに付けていた横浜の高橋に先制点を許し、前半を0－1で折り返した。後半からFW中貝を投入するなどしてシュート4本を放ったが、最後まで得点できなかった。シュート数は相手より2本少ない5本だった。チームは来季、新たに発足するプロリーグ「WEリーグ」に参戦する。

後半、攻め込む中貝

皇后杯1回戦

(なでしこ2部)		(東海)
AC長野	2-0	JFAアカデミー福島

11/28　テクノポート福井スタジアム

6大会連続で初戦突破

AC長野パルセイロ・レディース(なでしこ2部)はJFAアカデミー福島(東海)に2—0で勝ち、6大会連続で初戦を突破した。AC長野は前半5分にFW中貝のゴールで先制し、1—0で折り返した。後半はボールを保持する時間帯が続き、同39分に中貝のパスを受けたMF岡本が2点目を決めた。シュート数は相手を4本上回る7本だった。

連係からの崩し、後半の攻撃収穫

チャレンジリーグ(なでしこ3部相当)所属の格下に対し、AC長野は開始5分に中貝の得点で出はなをくじいたものの、その後は思うように決定機をつくれなかった。しかし、選手同士の距離感などを修正した後半は、前半とは見違える好内容。連係で相手守備を崩す形が何度も見られた。佐野監督は「2点目をしっかり取り、ゲームを決定付けられたのはこれまでの成果」と前向きに受け止めた。

後半39分の2点目は、右サイドから中央付近でパスを受けた中貝が起点。マークを引きつけて左に走り込んだ岡本へボールを預けると、ドリブルでゴール前に持ち込んだ岡本が豪快に右足を振り抜いた。「自分が起点になり、ゴールチャンスをつくる意識だった」と中貝。岡本は「中貝選手が一つためをつくってくれた」と感謝した。

2回戦の相手は、同じなでしこ2部のニッパツ横浜。今季リーグ戦の対戦成績は1分け1敗で無得点に抑えられている。佐野監督は「勝つにはゴールが必要」と強調し、1週間後の対戦を見据えた。

皇后杯２回戦

(なでしこ２部) ニッパツ **1-0** AC長野 (なでしこ２部)

12/6　カンセキスタジアムとちぎ

１点に泣く　２回戦敗退

AC長野はニッパツ横浜（なでしこ２部）に延長の末、０−１で敗れ、６大会連続の３回戦進出はならなかった。無得点のまま試合は延長戦に突入。AC長野は延長前半に攻勢を強め、途中出場のMF西林（信濃町出身）やDF肝付が立て続けにシュートを放ったが、ゴールを奪えなかった。すると延長後半６分、自陣右サイドからのクロスを頭で決められ、これが決勝点になった。AC長野のシュート数は相手を１本上回る11本。

想定通りの接戦　延長で力尽きる

AC長野は今季リーグ戦で、ニッパツ横浜との対戦成績が０−０と０−１。力は拮抗（きっこう）しており、この日も「１点を争うゲームになる」と佐野監督は予想していた。その１点が、勝者と敗者を分けた。

ニッパツ横浜戦を見据え、相手の最終ラインの裏を突く攻撃練習に力を入れてきた。黒星を喫した11月15日のリーグ最終戦は「そうしたシーンが少なかった」（監督）が、この日はともにFWの瀧澤（岡谷市出身）や途中出場した泊、MF住永らが裏のスペースに抜け出す場面があり、チャンスの足掛かりをつくった。時には細かいパス交換を絡めて前を向き、ドリブルも仕掛けた。

だが、シュートは枠を外れたり、厳しい角度から打ったりでゴールを割れない。延長前半終了間際には、右からの肝付のパスに西林が右足を合わせたが、相手GKに防がれた。「決めきりたかった」と西林。逸機が響き、延長後半６分に決勝点を許した。

なでしこ２部に降格した今季はリーグ戦で５位と振るわず、皇后杯は16強入りを逃して公式戦の全日程を終えた。佐野監督は「年間を通じて得点できれば勝てるゲームは（いくつか）あった。ただ、これがサッカー。得点は継続して取り組む永遠の課題」と実感を込めた。

延長前半、西林（左）がシュートを放つも得点ならず

AC長野のWEリーグ参入を祝って掲げられている横断幕

AC長野L、プロに女子サッカー「WEリーグ」参入

9月に開幕する国内初のサッカー女子プロリーグ「WEリーグ」は初年度に参入する11クラブを発表し、なでしこリーグ2部のAC長野パルセイロ・レディースが選ばれた。AC長野はアマチュアからプロチームに生まれ変わって再出発する。

17団体から入会申請があり、財政基盤やスタジアムの収容人数などを審査した。AC長野のほかに参入を決めたのは、なでしこリーグ1部で5連覇中の日テレ、マイナビ仙台、浦和、千葉、ノジマステラ神奈川相模原、新潟、INAC神戸、ちふれAS埼玉、女子を新設する大宮と広島。

WEリーグは「秋春制」を採用し、初年度は2022年5月ごろ終了予定。アマチュアで存続するなでしこリーグへの降格は複数年は実施しない。WEリーグは女性活躍社会をけん引するほか、女子日本代表「なでしこジャパン」の強化、女性プロスポーツを根付かせることなどを目指す。

視察に訪れた岡島チェア（中央）と記念撮影に応じるAC長野の加藤プロリーグ準備室長（左）、堀江会長

さらなるサッカー熱、信州に　女子プロWEリーグ参入記者会見

サッカー女子プロリーグ「WEリーグ」にAC長野パルセイロ・レディースの参入が決まった昨年10月15日、運営会社が長野市内で記者会見を開き、堀江三定会長は「責任も感じるが、（Jリーグクラブが2チームある）長野県にまたサッカーの熱が取り入れられる。われわれにとって、この参入は本当にうれしい」と受け止めた。

クラブを通じて佐野佑樹監督は「多くのサッカー少女たちの夢や目標を育むことにつながる」、池ケ谷夏美主将は「これまで以上にサッカーに真摯《しんし》に向き合うだけでなく、人間性を高めることに日々精進したい」とコメント。プロで戦うチームづくりがスタートする。

参入基準では15選手以上とのプロ契約、収容が5千人以上のスタジアムの確保、コーチングスタッフ、役員にそれぞれ女性を1人以上含み、3年以内に職員の半数以上を女性とすることなどが求められている。

今季、AC長野のプロ契約選手は1人。堀江会長は「プロになる以上は競技の技術だけでなく、人間性を高めなければいけない。そうした面を見つつ、チームを編成していきたい」と述べた。

参入にあたってプロリーグ準備室を新設。大手芸能事務所でマネジャー経験がある加藤久美子室長は「一人でも多くのファンをつくることが大切。今季は新型コロナであまり（ホームタウンの地域に）行けていないが、皆様と触れ合える機会を増やすなどし、地域に根付き、人気のあるチームにしていきたい」と抱負を語った。

〈WEリーグ参入クラブ〉

日テレ・東京ヴェルディベレーザ	（なでしこ１部）
マイナビ仙台	（なでしこ１部）
浦和レッドダイヤモンズ	（なでしこ１部）
ジェフユナイテッド千葉	（なでしこ１部）
ノジマステラ神奈川相模原	（なでしこ１部）
アルビレックス新潟	（なでしこ１部）
INAC神戸レオネッサ	（なでしこ１部）
AC長野パルセイロ	（なでしこ２部）
ちふれASエルフェン埼玉	（なでしこ２部）
大宮アルディージャ	
サンフレッチェ広島	

（かっこ内は2020年所属リーグ）

WEリーグ・岡島喜久子チェアの話

（申請のあった）17団体全てから熱い思いを感じた。クラブの力、財政基盤を重要視した。（成功には）観客動員がキーになる。観客がいっぱいのスタジアムで選手がプレーするのが理想だ。

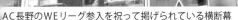

がんばれ!
AC長野パルセイロ!!
マイチャン。
マイチャン。テレビ信州

開幕直前の初戦延期――

コロナ禍と台風19号被災 二重苦に耐えた4カ月

今季のスローガンに「CHANGE!」を掲げた新生AC長野パルセイロ。ところが新型コロナウイルスの感染拡大を受け、Jリーグは2月25日、全公式戦の延期を決定。日本女子サッカーリーグも3月10日、なでしこリーグの全試合延期を発表した。政府による緊急事態宣言を受けての活動自粛、相次ぐ休止期間延長で先が見えない中、2019年秋の台風19号災害の影響で練習拠点の千曲川リバーフロントスポーツガーデンは使えないまま。選手たちにとって、ハンディキャップを乗り越える精神力と調整の進め方を試される4カ月となった。

●1月7日
今季は「CHANGE!」 苦闘の昨季から変革を―スローガン発表

トップチームがJ3、レディースチームがなでしこリーグ2部のAC長野パルセイロは7日、今季のスローガンが「CHANGE!」に決まったと発表した。これまでは1月後半の新体制発表会で披露してきたが、クラブが変革する意思を強調するために年始の段階で公表した。

昨季はトップチームが9位、レディースチームはリーグ戦9位となり、入れ替え戦で敗れて2部に降格した。今季は「飛躍のための強固な土台を築く、非常に重要な1年」として、トップチームのJ2昇格とレディースチームの1部復帰に挑戦する意味を込めた。

クラブは、経営面でも1試合平均入場者数や入場料収入の向上などを目指して新たな取り組みを進める考え。19年10月の台風19号で被災した地域の復興支援活動も継続して行うとした。

●1月18日
新加入選手が抱負 男女ともに昇格へ全力

AC長野パルセイロは18日、J3のトップチームと、なでしこリーグ2部のレディースチームに今季加入した選手の記者会見を長野Uスタジアムで開いた。トップは15人、レディースは19日の全日本大学女子選手権決勝のため不在の日体大生2人を除く12人が出席し、「全力を尽くしてチームの昇格に貢献したい」などと抱負を語った。

トップチームとレディースチームに新加入した選手たち

トップチームの内訳は、Jクラブからの移籍が8人（J1は1人、J2は3人、J3は4人）、大学6人、高校生1人。同席した東海林強化部長は「J2昇格のため何が必要かを昨年1シーズンを通じて検討した。求めていたタイプの選手が来てくれた」とした。

J2新潟から加入したDF広瀬健太は「カバリングや、ゴールに結び付けるロングフィードを見せたい」。J3八戸で昨季33試合出場10得点のMF三田尚希（上松中出身）は「特長は運動量の多さと中盤ならどこでもできるところ。90分間戦い続ける姿を見てほしい」と力を込めた。

レディースの新加入は大幅に増え、ここ8年間で最多。1部の新潟から移籍したDF池田玲奈は「スピードを生かして粘り強く厳しいプレーをしたい」。ドイツ2部リーグから3季ぶりに復帰した29歳のFW泊志穂は「最年長としてチームを引っ張り、活気づけたい」と話した。

トップチームは20日、レディースは21日に始動する。

●1月19日
巻き返しへ決意 トップ・レディース新体制発表

新体制発表会で、今期の新ユニホームを披露

AC長野パルセイロは19日、新体制発表会を長野市内のホテルで開いた。2年目の横山監督が率いるトップチームは27選手、佐野監督が今季から指揮を執るレディースチームは大会で不在の2人を除く22選手が出席。それぞれ「大きな目標に向かって前進したい」などと決意を述べ、昇格をファンやサポーターに誓った。

会場には約700人が集まった。運営会社は組織改革として、従来の統括本部を今月1日付で新設のフィールド本部とビジネス本部に

いま、伝えたい

新型コロナウイルス感染拡大の影響はスポーツ界にも広がり、ほとんどの大会が中止や延期に追い込まれた。その難局の中でも、スポーツの力で地域や人々に夢や希望を与えようと競技と向き合う選手たちがいる。

選手たちが中断や延期で思うこととして、率直な思いを吐露。そして長期間に及ぶ休校、部活動の集大成にと目標にしてきた大会の中止など我慢を強いられた子どもたちへ、自身の経験や思いを踏まえてメッセージを送る。

FILE 1

地域に良い影響与えたい

遠藤元一

産業能率大から2017年にAC長野に加入。3年目の昨季はJ3リーグ戦に18試合出場、1得点。昨季から2年連続でチームの選手会長を務めている。北海道出身。

中断・延期で思うこと

新型コロナウイルス感染拡大の影響で、チームは5月6日まで活動休止になった。もちろん練習はしたいけれど、いまは感染しないことや、無自覚に感染していて人にうつさないことが大事な時期だと理解している。

今季はリーグ戦が行われないのではないか、正直言って不安だ。しかし、私たちにできるのは、試合に向け良い準備をすること。そこはぶれてはいけない。J3が開幕したら、観客の心に訴えかけるようなプレーをお見せしたいと心底思う。

毎日、自宅近くで午前中に約30分のランニングをしている。午後は1時間～1時間半の筋力トレーニングをして体を動かす。起床時間は活動休止前の練習日と同じ。生活のリズムを変えないことに気を配っている。筋トレはシーズン中だったら、けがのリスクが高くて試みないような下半身の強化に重点を置いている。課題克服や自信につながれば良いですね。

台風19号による災害から半年。練習拠点の長野市千曲川リバーフロントスポーツガーデンが冠水して使用できなくなったり、被災者支援活動をしたりする中で、多くの人の支えでサッカーができるありがたみを理解することが大事だ、とあらためて思った。地域密着型クラブの一員として、この地域に良い影響を与えられるような試合をしたいと強く感じている。

14日にホームタウンの一つである上水内郡信濃町役場を、クラブ職員と初訪問した。クラブは活動休止期間を利用し、地域に根差した活動をできる範囲で行う方針だ。信濃町も各種イベント中止などで大変のようだ。特産のトウモロコシの販促活動などで協力していければと考えている。

（4月19日掲載）

分割したことを発表。フィールド本部はチームの強化や選手育成などを行い、ビジネス本部は観客動員増や営業・事業収益向上を目指す。

堀江会長兼社長は「何としても変わらないといけない。昨年はJ3で一時最下位、なでしこリーグで2部降格という屈辱的な試練を味わった。それをはねのけてはい上がっていきたい」とあいさつした。

選手の背番号も発表され、トップチームの「10」はMF東が新たに背負うことになった。

横山監督は昨季9位の成績を踏まえ、「『今年は優勝する』と言うのはおこがましい気がするが、チームが一つにまとまり日々成長していけば不可能ではない」と強調。佐野監督は「1部昇格が目標。常に3位以内につけ、優勝できる位置にいようと選手たちに伝えた」と語った。

●1月20日 今季初の全体練習「いい意味でチャレンジを」

サッカーJ3で昨季9位からの巻き返しを図るトップチームは20日、長野市の長野Uスタジアムで今季初となる全体練習を行い、2季目の指揮を執る横山監督は「気持ちを新たにして練習ができた。いい意味でチャレンジしていく年にしたい」と今季の意気込みを語った。

この日は須坂東高在学中のFW小西を除く26人が参加。屋内練習場でストレッチや基礎練習などをし、スタジアムのピッチでペースに緩急をつけたランニングで汗を流した。再び屋内練習場に戻り、パスやリフティングな

横山監督（左）が見守る中、長野Uスタジアムのピッチでランニングをする東（左から４人目）ら

どを行って約2時間で練習を終えた。

昨季限りで退団したFW宇野沢祐次から背番号10を引き継いだ5年目のMF東は、「自分自身も挑戦しないといけない。責任のある番号で、責任を果たせるように頑張りたい」と決意。早大から加入したDF大桃は「自分の目指すところをぶらすことなくやれば、結果的にスタメンも付いてくる」と意欲を語った。

31日から静岡県御殿場市でキャンプを始める予定で、3月7日の岐阜との開幕戦に向けて仕上げていく。

「勝利を狙う」 AC長野 堀江会長ら、長野市長に今季の抱負

加藤市長に寄付金の目録を手渡す堀江会長

AC長野パルセイロ運営会社の堀江三定会長兼社長とトップチームの横山雄次監督、今季就任したレディースチームの佐野佑樹監督らが20日、長野市役所で加藤久雄市長と懇談した。両監督とも「勝利を狙いたい」と意気込みを語り、堀江会長が台風19号の被災地支援として寄付金50万円を贈った。

クラブが練習拠点としていた長野市の千曲川リバーフロントスポーツガーデンは、台風による千曲川の氾濫で冠水した。県内外のサッカークラブなどから見舞金が寄せられたといい、今回はその全額を寄付。販売したチャリティーTシャツなどの売り上げの一部も合わせた。

堀江会長は「復興の一助にしてほしい」と述べ、加藤市長に目録を手渡した。市長は「できる限り早く練習場が使えるようにしていきたい」と応え、両監督には「スポーツには地域を盛り上げる力がある。ぜひ勝利への執念を燃やして」と激励した。

●1月21日 レディースチーム今季初全体練習 佐野新監督対話を重視

レディースチームは21日、今季初となる全体練習を須坂市内で行い、新たに就任した佐野監督は「(前任の)本田監督の良い部分を続けながら、話し合って選手がやりやすい環境をつくりたい」と、対話を重視する方針を掲げた。

高校や大学に在学中の新加入選手が多いため、この日は既存の10人と新加入3人の計13人と約半数の参加にとどまった。2グループに分かれてのランニングなどで体を温め、ドリブルやパス回しなど約1時間半で全体練習を切り上げた。

昨季はオーストラリアの2部相当リーグでプレーしたGK新井は、「雰囲気がすごく良くて、監督やコーチも一人一人とコミュニケーションを取ろうとしてくれた」。1部の新潟から加入したDF池田は「(監督が)前向きになれるように声をかけてくれた」と明るい表情だった。

今季初の全体練習に臨む池田(右から2人目)や新井(同3人目)ら

●2月5日 トップチーム1次キャンプ 今季初の実戦 J2磐田と練習試合

静岡県御殿場市で1次キャンプを行っているトップチームは5日、同県磐田市でJ2磐田と練習試合をした。今季初の練習試合で45分を2回行い、0—2だった。

磐田との練習試合で攻め上がる藤森(中央)

4—4—2の布陣で臨んだ。前線に佐野と吉田が入った1回目は球を保持する場面も多かったものの、35分に自陣左サイドで球を失って失点。岡と東が2トップに入るなど全ての選手を入れ替えた2回目は、守備に追われる時間が続き、41分に右クロスを押し込まれた。

トップチームは10日までの1次キャンプで、9、10日にも練習試合を予定。13〜23日に同じ御殿場市で2次キャンプに入る。

攻撃面の上積み必須

1次キャンプ6日目を迎え、疲労がたまった状態で臨んだ今季初の実戦。昨季までJ1だった磐田に押し切られて2失点したものの、横山監督は「この時期にしては、チームとしてやらなきゃいけないことはできていた」と前向きに捉えていた。

就任1年目だった昨季は一からのチームづくりで、「最初の段階からいろいろやりすぎて、徹底できなかった」と指揮官。今季は守備の構築を優先して進める方針で、この日も個々のミスは多く出たものの、チーム全体で粘り強く体を張って守る意識は浸透していた。

一方で、昨季から継続課題の攻撃面は上積みが必須だ。1、2回目ともに攻撃の形をうま

くつくれず、枠内に飛んだシュートは1回目に中盤でプレーした木村のミドルのみ。「新しく入った選手も多いので、意思疎通を図っていく必要がある」と木村。1回目で中盤の左に入った三田は「もっと仕掛けていく場面を増やさないといけない」と強調していた。

●2月12日 筑北村で初の練習 レディースチーム

レディースチームは12日、筑北村サッカー場で練習した。選手たちは来月のリーグ開幕に向けて約2時間、パス回しやミニゲームで汗を流した。

冬季は積雪などで人工芝が傷むことを防ぐため閉鎖するグラウンドが多い。チームは長野市近隣で冬に使えるサッカー場を求め、村サッカー場が完成した2017年から利用している。村での練習はこの日が今年初めて。

チームの練習拠点、長野市の千曲川リバーフロントスポーツガーデンのグラウンドは19年10月の台風19号災害の影響で被災し、使えない状況となっている。今季から指揮を執る佐野佑樹監督(36)は村サッカー場について「人工芝でゴールも2対あり、使いやすい。使わせてもらって非常に感謝している」と話す。

この日、激励に訪れた筑北村の宮下敏彦教育長は「2部降格は残念だが、この練習場で精いっぱい調整し、ホーム開幕試合は頑張ってほしい」とエールを送った。

筑北村での初練習を行うレディースチーム

●2月22日 トップチーム2次キャンプ 相模原と引き分け

静岡県御殿場市で2次キャンプを行っているトップチームは22日、同市内でJ3相模原と練習試合をして1－1で引き分けた。

4－4－2の布陣で臨み、佐野と岡が2トップを組んだ。前半は押し込む場面が多かったが、33分に右クロスを頭で押し込まれて失点。後半は両サイドを起点に好機をつくり、22分に藤山の縦パスに反応した佐野が決めた。

2次キャンプ最終日の23日は、静岡産大と練習試合を行う。

いま、伝えたい

FILE 2

泊　志穂

2015年に浦和から移籍加入し、なでしこリーグ2部優勝に貢献した。17年、日本代表に初選出。17年末に退団し、18年にオーストリア2部のFCヴァッカー・インスブルックで優勝を果たした。19年はドイツ2部のBVクロッペンブルグでプレー。今季、AC長野に復帰した。30歳。愛知県出身。

中断・延期で思うこと

苦しい時こそ前向きに

2月から週4日、AC長野運営会社の地域コミュニティ推進部で働いています。私が撮影と編集を担当し、クラブ公式ユーチューブで新加入選手紹介を始めました。サポーターからの反響もあり、やりがいを感じています。

本来の業務は、クラブを地域にアピールする活動です。先輩職員と一緒に市町村の担当者に催しの予定を聞き、そこに選手を派遣できないか検討してもらいます。新型コロナウイルス感染拡大によるイベント中止でみんなが困っているし、観光地が閑散としているのを実感します。

地域を盛り上げるために何か良いアイデアがあればと思うのですが、人と人との接触を避けなければいけないので、その方法が難しい。もどかしさが募ります。

昨年まで2年間、オーストリアとドイツでプレーしました。欧州も感染者が多いので心配です。オーストリアの元チームメートに話を聞くと、屋外でランニングする際にも許可証がないと罰金が科されるそうです。日本はそこまで制限されていないけれど、気がめいる時もあり、国内外の仲間と「お互いに頑張ろうね」と励まし合っています。自主練習で走り込む時には花や景色を見ながら気分を変えています。

大体大では心理学を専攻しました。卒論のテーマは「競技成績と性格に関係はあるか」。苦しい時こそ前向きな姿勢が大切だと思います。家で過ごす時間が多いので、太らないように食事は炭水化物を減らすなど、できることを一つずつ積み重ねるしかありません。

チームは5月6日まで活動自粛中です。今は自宅でトレーニングを継続しています。リーグ戦が開幕したら、サッカーで長野の皆さんに元気をお届けしたいと思います。

（4月21日掲載）

●2月23日 2次キャンプ終了 「実戦積み充実」 練習試合白星

トップチームは23日、静岡県御殿場市で静岡産大と練習試合を行って4―0で勝ち、11日間の2次キャンプの全日程を終えた。

この日の練習試合は、22日の相模原との練習試合で出場しなかった選手が中心。4―4―2の布陣で、佐相と吉田が2トップに入った。前半9分に敵陣左深くで佐相が決めて先制すると、45分には右クロスのこぼれ球を岩沼が押し込んだ。後半は球を保持する時間が長く、14分と18分に練習生が得点した。

ボランチで先発した最古参の5年目の東は「全体的に戦術理解度が高いと思う。開幕に向けてコンディションをもっと上げていきたい」。先制点を挙げた佐相は「FWとしてゴールが必要だと思っていた。いい方向で調整できている」と強調した。

後半、ドリブルで仕掛ける東(右)

休養を挟み、26日から長野市などで練習を行い、3月7日の岐阜との開幕戦に向けて調整する。横山監督は「けが人が少なく、実戦も積めて、充実したキャンプになった。開幕に向けて、より細かい部分を詰めていきたい」と話した。

●2月24日 長野市の善光寺に参拝 今季の必勝祈願

トップチームは24日、長野市の善光寺で今季の必勝祈願をした。選手や監督、クラブのスタッフら44人が、3月7日に開幕するリーグ戦に向けて気持ちを高めた。新型コロナウイルス感染を警戒し、選手らはマスク姿で参拝した。今季の主将、GK阿部伸行選手は「(善光寺は)いつ来ても心が洗われる。J2昇格とJ3優勝を祈念した」。

「やってやるぞという気持ち」と就任2年目の横山雄次監督。選手とスタッフの健康を第一に祈念したとしつつ、「僕自身は『開幕戦でとにかく勝てますように』とお願いした」と笑った。

善光寺で必勝祈願

●2月25日 新型コロナウイルス拡大 Jリーグ中止決定

サッカーのJリーグは25日、東京都内で理事会を開き、新型コロナウイルスによる肺炎(COVID19)の拡大を受け、3月15日までに予定していたJ1、J2など全公式戦計94試合を中止し、開催の延期を決めた。代替日は未定。日本国内で主要なプロスポーツの興行が同ウイルスを原因として中止となるのは初めて。

AC長野パルセイロは3月7日の開幕戦と同14日のホーム開幕戦が延期になった。第3節は最初から試合がなかったため、今季初戦は3月28日に敵地で行う第4節のFC東京U―23戦まで大幅にずれ込む予定だ。

23日まで静岡県御殿場市で行ったキャンプは練習を公開し、ファンサービスも制限をかけることなく継続してきた。クラブは今後も練習の公開は続けるものの、サインや写真撮影などのファンサービスを当面の間は中止することを決めた。

開幕前に予定していたサポーターミーティングや選手が出演するイベント、地域関連行事なども延期すると発表した。

●2月26日 今季初戦ずれ込み 横山監督「とにかく練習を」

今季の初戦が3月28日まで約3週間ずれ込むことになったトップチームは26日、キャンプ後の休養を経て千曲市内で練習を再開した。3月15日までの公式戦中止について横山監督は「少し残念な気持ちはあるが、しっかりと整えて開幕に向けてやっていきたい」と受け止めた。

練習は一般公開しているものの、ファンサービスはこの日から中止となった。取材をする報道陣にもマスクの着用を要請。選手は毎朝検温し、一定の基準を超えると報告を義務付けるなどの対策を取る。

今後も長野市や千曲市などで練習し、週末には練習試合を組んで開幕に向けた調整を続けていく方針だ。副主将のDF浦上は「どこの

督「とにかく練習を」。ランニングで体を温める選手たち

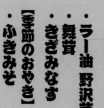

チームも条件は同じ。準備の期間が増えるとポジティブに捉えたい」。横山監督は「とにかく練習をして、シーズン中と同じようなサイクルでやっていきたい」と語った。

●2月28日
感染拡大受け トップチーム練習を非公開に

ＡＣ長野パルセイロは28日、新型コロナウイルスの感染拡大を受け、29日からＪ３のトップチームとなでしこリーグ2部のレディースチームの練習を当面の間非公開とすると発表した。

●3月10日
なでしこリーグも開幕延期 レディースチーム「我慢のしどころ」

日本女子サッカーリーグは10日、新型コロナウイルスの感染拡大の影響で今月21日に開幕予定だったプレナスなでしこリーグ1、2部の第1節と第2節の計20試合を延期すると発表した。代替開催日は未定で、チケットの取り扱いも決まり次第発表する。開幕節は21、22日に、第2節は28、29日にそれぞれ組まれていた。リーグによると、9日にＪリーグが3月中の再開を断念したことも考慮した。

2部のレディースチームは、22日に開幕戦をホームで行う予定だった。町田善行・副社長兼フィールド本部長は「終息が見えない状況で仕方がない。我慢のしどころだ」と受け止めた。リーグは10チームが2回戦総当たりで争い、東京五輪期間の中断を挟み、11月に最終節を迎える予定となっているが、会場の確保も含めて日程の調整などは今後各クラブと協議する。

●3月15日
レディースチーム 佐久で練習試合 2－0で勝利

レディースチームは15日、佐久市の佐久総合運動公園陸上競技場で関東女子リーグ1部の群馬ＦＣホワイトスターと一般非公開で練習試合をした。35分を3回行い、1回目は0－0、2回目と3回目はともに1－0の計2－0で勝った。

3季目・24歳の三谷 「思い切り」振り抜き先制点

ＭＦ三谷が2回目の終盤に先制点を挙げた。ペナルティーエリアの外から左足を振り抜き、「それまでシュートを打ててなかったので思い切りいった」。在籍3季目の24歳が、鮮やかなゴールを決めた。

1、2回とも新戦力の左ＤＦ池田が積極的に攻撃参加。それをサポートした三谷は「ワンツーで池田がオーバーラップするスペースをつくれた」と話した。追加点は下部組織に在籍する高校1年生のＦＷ川船。3日前になでしこリーグ出場可能な選手登録をしたばかりで、「今年はリーグ戦で得

先制点となるシュートを放つ三谷

いま、伝えたい

FILE 3

野口美也

大学を卒業した2015年からAC長野に在籍。昨季はなでしこリーグ１部で18試合に出場した。昨季から２年連続で副主将を務めている。徳島県出身。27歳。

子どもたちへ

仲間との日々、誇り持って

中学、高校の全国大会などが中止になり、残念で悔しい思いをしている人たちが大勢いると思います。誰もが経験したことのない新型コロナウイルス禍の中で、この現実を必死に受け止めていることと察します。

私の部活時代を少しお話しします。徳島・鳴門高１年目はサッカー同好会で選手は９人だけ。弱いチームでしたが少人数でまとまりがありました。進学した神戸親和女子大も決して強くないチーム。初心者に助言したり自主練習に誘ったりしました。４年生のリーグ戦が忘れられません。大勢の部員がスタンドから応援してくれました。一体感があり、部活をやっていて良かったと心底思いました。ふとした瞬間にかけがえのなさがあったと感じます。

中高生のみなさんは今すぐに前を向くことは難しいかもしれません。でも、努力してきたことや、仲間と一緒に泣いたり笑ったりしたことは決して無駄にはならない。今後必ず支えや励みになるはずです。その時間や仲間に自信と誇りを持ってください。

私が午前中働いているホクトでは、職場の方々に「なでしこリーグがなかなか始まらないね」とか「自主トレ、しっかりやっている？」と声を掛けていただきます。ありがたいことです。子どもたちの周りにいる人は、機会があればぜひ言葉を掛けてあげてほしい。そのひと言で、もやもやした気持ちが少し整理されると思います。

私たちは昨年、なでしこリーグ１部から２部に降格してしまいました。でもこれからが本当の勝負。しんどい時に頑張れる選手に私はなりたい。できることは限られているが、こつこつ練習を積み重ねていきます。

（5月6日掲載）

点したい」と意気込んだ。
コロナウイルス感染拡大により22日だった開幕の延期が決まり、その直後の練習試合。佐野監督は「攻撃はうまくいかない場面があったが、ゴールや無失点の守備は評価できる」と話した。

●3月26日 開幕遅れても集中 来月26日の初戦へ

4月26日に敵地でYS横浜との開幕戦を迎えるトップチームは26日、長野市内で一般には非公開で約2時間の練習を行った。度重なる延期により、当初3月7日だった開幕日は、大幅にずれ込んだ。だが選手たちは「いつ開幕を迎えても良いように準備を進めるだけ。上達、成長する時間だと捉えている」と、高い集中力を切らしていない。

今季は多数の選手が入れ替わり、若い選手も多い。主将の阿部は「しっかりとコミュニケーションを図り、1年間チームとして戦う姿勢づくりを継続していきたい」と話す。

この日はゲーム形式の12対12に費やす時間を予定より延ばし、練習強度を高めた。横山監督は「(延期を)ポジティブに捉え、チーム戦術や連係を深めることに継続して取り組む」と強調。延期に伴う過密日程は避けられず、東海林強化部長は「全員にチャンスが来ると思うので良い準備をしてもらいたい」と求めた。

練習する選手たち(手前)と、それをじっと見守る横山監督(右)

●4月8日 前向いて 千曲で4日ぶり全体練習 緊急事態宣言、家族と連絡取る選手も

トップチームは8日、4日ぶりとなる全体練習を千曲市内で行った。新型コロナウイルス感染拡大によりリーグ戦の開幕が白紙になったことを受け、3連休を取っていた。

練習は一般非公開で、ランニング中心に約1時間半行った。その後、日本プロサッカー選手会の要請を受けた形で、AC長野の選手会として感染予防と拡大防止策を協議。移動を伴い、感染リスクがある練習試合は、当面行わないことをクラブ側に申し入れた。

政府による緊急事態宣言を受け、対象7都府県に家族がいる選手たちは安否確認の連絡を取り合ったという。選手たちは「不安はあるが、目の前の練習に集中したい」と口をそろえ、努めて前を向いた。横山監督は「真面目な選手が多いので、張り詰め過ぎないようフレッシュにさせることが大事」と話した。

4日ぶりに再開した全体練習で、ランニング

●4月9日 日本女子サッカーリーグも 全チームに自粛要請

日本女子サッカーリーグは9日、7都府県を対象とした緊急事態宣言が7日に発令されたことを受け、プレナスなでしこリーグ1、2部と3部に当たるチャレンジリーグに参加する全32チームに、5月6日まで活動を自粛するよう要請したと発表した。4月末までの試合が全て延期となっていたリーグ戦の5月以降の延期も決まった。代替日程は現時点で未定。

今月4日から活動停止しているINAC神戸をはじめ日テレ、浦和、千葉など緊急事態宣言の対象地域のクラブは既に活動していない。AC長野は9日から活動を自粛し、練習を休止した。

全クラブに自粛要請を出したことについてリーグの担当者は「この難局に対して、リーグ全体で感染拡大の防止に取り組んでいきたい」と話した。

●4月10日 新型コロナで活動自粛 27日まで 監督「今は耐える時」

トップチームは10日、新型コロナウイルス感染拡大の影響で11日から27日まで活動を自粛すると発表した。選手たちは「ここまでまん延した以上、仕方がないし最善の判断だと思う。しっかり従って感染拡大防止に努めたい」と受け止めた。

練習拠点の長野市千曲川リバーフロントスポーツガーデンが19年10月の台風19号で被災し、現在も使用できない。代わりに利用していた千曲市内の練習場は9日、団体利用の中止が決まった。J3開幕は度重なる延期で白紙となっており、活動を再編する。横山監督は「大変な状況だが今は耐える時。皆さんとともに頑張り抜きサッカーができる日を信じている」と話した。

10日は長野市内で練習を約2時間行った。MF三田(上松町出身)は「自宅待機して感染拡大を防ぐのが与えられた仕事。最大限体力維持に努めたい」、主将のGK阿部は「誰も見ていない所でこそプロの姿勢が問われる。全員しっかり過ごしてくれるはず」と強調した。

●4月17日 活動休止期間延長 5月6日まで

AC長野パルセイロは17日、トップチームの活動休止期間を5月6日まで延長すると発表した。新型コロナウイルス感染拡大防止のため4月11日から27日までの活動休止を発表していたが、緊急事態宣言が全国に拡大したことを受けて決めた。

クラブ関係者は「選手は引き続き自己管理の

徹底を図りながら、コンディション維持に努めてほしい」とした。感染拡大状況を慎重に見極め、活動再開がさらに延期される可能性もある。

●4月21日 ピッチの今、ネットで発信へ 全国に連携呼び掛け

ＡＣ長野パルセイロと、ホームスタジアムの長野Ｕスタジアムを整備する長野市開発公社が、ピッチの今の様子をクラブ公式ツイッターで写真公開する。21日、ＡＣ長野の広報担当者が同スタジアムを取材。全国のＪリーグクラブやスタジアムに同様の情報提供を呼び掛け、賛同者がリレー形式で「サッカー競技場のいま」を伝える計画だ。

コロナウイルス感染拡大の影響でＪ３は開幕が延期になっており、サポーターに「開幕を迎える日までしっかり整備して待っている」と訴える狙い。長野Ｕスタジアムの青木茂ヘッドグラウンズマンが全国約30カ所のホームスタジアム整備担当者に趣旨を説明し、Ｊ１清水のＩＡＩスタジアム日本平（静岡市）などの賛同を得ているという。

長野Uスタジアムの整備作業を撮影する三浦広報担当（右）

長野Ｕスタジアムは作業員３人が週５日、芝の密度を高くしたりピッチのへこみを直したり、芝の改善に余念がない。今年は雪や雨が少なく例年より芝の成長は遅かったが現在は順調という。近く公式ツイッターに写真とメッセージを載せるＡＣ長野の三浦千奈広報担当は「少しでもポジティブな情報を提供したい」。青木さんは「健康な姿で選手もサポーターもスタジアムに早く戻って来てほしい」と願っていた。

●4月29日 感染拡大防止の取り組み 布マスク受注販売開始

ＡＣ長野パルセイロは29日から、選手が着用するユニホームをイメージした布製マスクの受注販売を始める。新型コロナウイルス感染拡大防止の取り組みの一つ。29日午前10時から5月10日午後5時までクラブ公式オンラインショップで受け付ける。価格は1枚千円で、別に送料がかかる。

ＡＣ長野のユニホームを提供する会社との

いま、伝えたい

FILE 4

内田恭兵

磐田ユースから関大に進学し、４年時に全日本大学選抜の一員に。2015年にJ2京都に入団し、18年に長野に移籍した。本職は右サイドバックだが、サイドハーフなどもこなせる。27歳。静岡県出身。

苦難を乗り越えて

不安あっても辛抱強く

AC長野に移籍加入した直後の2018年２月、和歌山キャンプで左膝の前十字靭帯（じんたい）を損傷した。全治約８カ月の大けがだった。

それまでに経験したけがは、小学６年生の時に左足首を骨折したぐらい。これほど大きなけがは経験がなかったから、復帰までの長さやつらさをイメージできず焦りはなかった。リハビリに専念しようと気持ちを切り替えることができた。

だが、実際のリハビリはきつかった。地味なトレーニングを着実にこなすしかない。復帰がゴールではなく、活躍しなければ駄目だと考えた。けがをする前より良いパフォーマンスができるように鍛え直したかった。

けがを乗り越えられたのは、昨季限りで引退した（新井）純平さんの存在が大きかった。同時期に同じけがで戦列を離れた純平さんは、以前にも前十字靭帯損傷を克服していたので心強かった。リハビリの休憩時間には互いの家庭や飼い猫の話をしたり…。それも自分には必要な時間だった。

19年の開幕戦でピッチに立った時はさすがに感慨深かった。体が動かず思ったようなプレーはできなかったが…。最終的に昨季は28試合に出場し、２ゴール３アシストの成績を残せた。終盤の８試合負けなしにも絡むことができた。

現在、チームは活動休止中だ。自主練習でできることは限られており、コンディションが落ちていないか不安はある。でも、くよくよしていても仕方がない。大けがを経験し、困難を乗り越えるには辛抱強さが大事ということも学んだ。開幕したらサッカーを楽しみたいし、自分たちのプレーで地域を元気づけられればと思う。（５月23日掲載）

共同製作。洗って繰り返し使用でき、デザインはトップチームとレディースチームの2種類ある。伸縮性の高いポリエステル１００％素材で、抗菌・防臭効果がある繊維を使用した。

受注締め切り後、約3週間後に発送する予定。ＡＣ長野の担当者は「マスクの供給不足を受けて決めた。ぜひ利用を」と呼び掛けている。

ＡＣ長野が受注販売するマスク（トップチームのデザイン）

●5月6日
チーム活動再開へ情報収集 先の見えない状況

ＡＣ長野パルセイロは6日、新型コロナウイルス感染拡大防止のため休止しているチーム活動について、県や長野市など関係各所から情報収集した上で詳細な対応を決めると発表した。当初は7日に活動を再開する予定だった。

●5月9日
トップ、レディースとも「当面」休止期間を延長

新型コロナウイルス感染拡大防止のため活動休止中のＡＣ長野パルセイロは8日、休止期間の延長を発表し、「当面の間」とした。練習施設が使用できるようになるかを見極めるため。当初は6日まで活動を休止し、県や長野市など関係各所から情報収集した上で詳細な対応を決めるとしていた。

●5月15日
長野市開発公社とＡＣ長野 医療機関へポンチョ85着

長野市開発公社とＡＣ長野パルセイロは新型コロナウイルス感染拡大による医療機関への支援策として、県を通じＡＣ長野公式グッズのポンチョ85着を寄付することを決め、14日に長野市内で梱包作業をした。ＡＣ長野の満田浩貴・地域コミュニティ推進部長は「不足する医療防護服の代替品に活用してほしい」としている。

トップチームの遠藤元一とレディースチームの泊志穂による「闘い続けている皆さんに感謝とリスペクトでいっぱい」とのメッセージカードを1枚ずつ同封。公式グッズを製造販売する同公社の久保田高文理事長は「地域あってのチーム。微力ながら恩返ししたい」と話した。

ポンチョは計16万円相当。15日に県薬事管理課へ届ける。同課は「役立てられるような医療機関へ早く届けたい」としている。

県内の医療機関に寄付するポンチョを手にする長野市開発公社の久保田理事長（左）とAC長野の渡辺淳社長

キノコカレーで難局乗り切ろう ＡＣ長野がホクトと共同開発

ＡＣ長野パルセイロはこのほど、ユニホームスポンサーのホクトと共同開発したキノコ入りレトルトカレーを発売した。新型コロナウイルスの終息が見通せない中、「キノコ菌を食べ元気になって、この難局を乗り切ろう」とＰＲしている。

商品名は「菌勝っカレー」で、エリンギ約60グラム（1本分）入り。辛みを少し抑え、ルーはクラブカラーのオレンジ色にした。パッケージには東浩史やレディースチームの三谷沙也加ら6人の写真を入れた。

1個４００円。26日までは3個千円の特別価格で販売している。公式オンラインショップなどで扱う。クラブ運営会社の担当者は「試食した女子選手からも大好評」と話している。

AC長野がホクトと共同開発したレトルトカレー

6月中に拠点再開にめど 台風19号で大量の土砂流入

２０１９年10月の台風19号災害で使用できなくなった長野市千曲川リバーフロントスポーツガーデンの天然芝グラウンド5面が復旧工事の最終工程に入り、6月中旬以降に一部の使用を再開する。ＡＣ長野パルセイロの練習拠点。当初見込みの5月下旬から遅れたが、台風災害と新型コロナウイルス禍の二重苦に遭っているクラブにとって、久しぶりの朗報になりそうだ。

冠水したグラウンドには大量の土砂が流れ込んで使用不能となり、ＡＣ長野は練習場を転々としてきた。トップチームは千曲市サッカー場や長野市営陸上競技場などを、レディースチームは筑北村サッカー場や中野市多目的サッカー場などをほぼ日替わりで利用。代替グラウンドの使用などに19年は約２００万円の経費がかかった。

昨年から指揮を執る男子の横山雄次監督は、午前と午後の2部練習を取り入れていたが、被災後は練習場を確保しきれず1部に切り替えるなど影響が出ていた。

復旧工事が進む長野市千曲川リバーフロントスポーツガーデン

いま、伝えたい

FILE 5

AC長野運営社長 **渡辺 淳**

1991年に成蹊大を卒業し、明治製菓に入社。98年から勤めたコカ・コーラボトラーズジャパンを昨年12月に辞め、1月にAC長野の運営会社に入った。Jリーグと立命館大が共同で開催したプロスポーツクラブ経営人材養成の「JHC教育・研修コース」の1期生（2015～16年）。52歳。東京都出身。

ファンの皆さんへ

支えに感謝、元気や勇気を

社長に就任した3月以降、新型コロナウイルス感染拡大が加速した。28日に開幕戦を迎えるが、Jリーグは再開や開幕が何度も延期した。AC長野もチーム練習が約1カ月半も休止するなどして大変だった。でも、新型コロナ以前なら準備して試合をこなし、また次の準備―の繰り返しだったはず。経営を見つめ直す時間として捉えるよう努めた。

このクラブに来てまだ数カ月だが、地域に支えられていると実感している。4月29日付の信濃毎日新聞に「変わらないもの」というコピーのクラブ全面広告を出した。今年のクラブスローガンは飛躍を狙い「チェンジ」だが、地域を元気にしたいという気持ちは変わらない。そうしたメッセージを読者に伝えたかった。新型コロナの難局を、地域とともに乗り越えなければと思った。そして笑顔で長野Uスタジアムでお会いしたかった。

活動休止期間中の社員やスタッフは地域とともに歩むため、さまざまな取り組みを行った。80近い企画を提案。ホームタウンの一つの中野市でトレーニング動画の撮影に協力したり、独自の布製マスクを販売したりした。

これだけサッカーを生で見られなかったのは初めてで、大変お待たせしてしまった。AC長野の試合を長い間待っていたファンやサポーターの皆さんと一緒だと思うが、心揺さぶるライブ感がどれだけ明日への活力となっていたか。7月15日から長野Uスタジアムに観客が入る。皆さんと一緒に声を出して応援したい。ホームタウンの多くは2019年10月の台風19号で被災し、新型コロナとの二重苦にある。今こそスポーツで元気や勇気を与えたい。

（6月24日掲載）

長野市スポーツ課によると工事費は約１億３０００万円。まだ土砂の除去作業が残っている部分もあるが、多くは芝生の定着を待つ状態だ。完全オープンは７月中旬を目指す。同ガーデンの青木茂支配人は「地域の子どもたちも待っている。しっかり復旧整備したい」と話す。

新型コロナウイルス感染防止のため各自治体のサッカー場は閉鎖しており、ＡＣ長野のチーム活動も休止中。選手たちは自宅近くの公園などで自主練習に励む。町田善行・副社長兼フィールド本部長は「練習拠点に戻ってこられるのは本当に大きい」と感謝している。

●5月27日 チーム練習再開を発表

トップチームは27日、新型コロナウイルス感染拡大防止のため４月11日から休止していたチーム練習を６月１日もしくは２日から再開すると発表した。レディースチームは６月１日から再開する。

練習場確保にめどがついたため。感染予防対策を継続するため一般非公開とし、練習後のファンサービスも行わない。

●5月30日 Jリーグ再開日決定 AC長野、準備加速

６月27日にＪ２が再開し、Ｊ３が開幕する日程が決まったことを受け、ＡＣ長野はリーグ戦に向けた準備を加速させる。

ＡＣ長野運営会社の渡辺淳社長は、クラブを通じて「ファンやサポーターの皆さんにはしばらく不便や迷惑をお掛けするが理解してほしい。サッカーを通じて元気の源を届けたい」とコメントした。

●6月1日 トップ、レディースとも チーム練習再開

新型コロナウイルス感染拡大防止のためチーム活動を休止していたトップチームは１日、中野市内でチーム練習を再開した。27日の今季開幕に向け、選手たちはボールの感触を確かめながら熱心に調整した。

52日ぶりとなるチーム練習には28人全員が参加。１時間40分の練習では、５対２のボール回しや動きながらのパス交換などを行った。主将の阿部は練習後、「みんなが元気に集まれてほっとした」と笑顔を見せた。

この日はレディースチームも上水内郡飯綱町内で54日ぶりとなるチーム練習を行い、24選手が参加した。

両チームとも当面は一般非公開で練習を続け、男子は開幕までにトレーニングマッチを２、３試合予定している。

精神力と今後の調整、大事に

52日ぶりにチーム練習を行い、活気を取り戻したトップチーム。しかしＪ３開幕の27日まで残すところわずか26日間。19年10月の台風19号災害の影響で練習拠点の千曲川リバーフロントスポーツガーデンが使えないなど、依然として苦境下にある選手たちが調整のギアを上げていけるかが開幕ダッシュの鍵を握る。

４月16日に緊急事態宣言の対象が全国に拡

大されると、近隣の練習場も利用中止になったり、使用が制限されたりした。練習会場が思うように確保できず、5月18日に活動を再開したJ2松本山雅など他クラブよりも練習再開が遅れた。クラブ関係者は「千曲川リバーフロントスポーツガーデンが使えないのが痛かった」と吐露した。

選手たちは4月から個人練習、5月中旬以降は小グループで自主練習を続けてきた。だが、2～3月のキャンプや対外試合で養った体力、実戦感覚の低下は否めない。自主練習の質が問われるだろうし、ハンディキャップを乗り越える精神力の強さと今後の調整の進め方が極めて大事になる。

「コンディションのばらつきはあるが、個人練習で向上してきた選手もいる。みんな良い顔をしている」と練習後に印象を語った横山監督。焦る気持ちを抑え、けが人が出ないよう臨機応変に日々の練習強度を変え、チーム力を最大限高めていく考えを示した。

ボール回しをするトップチームと、ウオーミングアップするレディースチーム

●6月2日 なでしこリーグ7月18日開幕決定

日本女子サッカーリーグは2日、新型コロナウイルスの影響で延期となっていたなでしこリーグ1、2部の開幕日を、7月18日に決めたと発表した。第2節までは無観客試合とし、第3節以降は全国の感染拡大状況をみて判断する。対戦カードやスタジアム、キックオフ時間は未定で、決まり次第発表する。

レディースチームの佐野佑樹監督はクラブを通じて「開幕日から逆算してトレーニングを積み、チーム全員で良い準備を進める。勝利を通じて元気や勇気、笑顔を届けたいし優勝を目指し全力で戦う」とコメントした。

●6月4日 台風被災地の子どもに遊具寄贈 長沼・豊野両地区に

AC長野パルセイロは4日、2019年10月の台風19号で被災した長野市長沼、豊野両地区の子どもたち向けにサッカーボール12個を含む遊具計15点を贈った。長野市豊野西小学校であった贈呈式では、6年生で児童会長の青木丈一郎君がボールを受け取り、「思い切り体を動かしてコロナを乗り切りたい」と喜んでいた。

サッカーボールを豊野西小の青木君に手渡す遠藤選手会長

台風災害で遊具が水没したNPO法人長野スポーツコミュニティクラブ東北（スポコミ東北）には、トランポリンのための跳躍器具1台を寄贈。スポコミ東北の小林和夫会長は「一番人気の遊具で、子どもたちも喜ぶだろう」と笑顔だった。

AC長野の選手会が、19年12月のリーグ戦最終節でチャリティーバザーを行い、その売上金12万円と積立金6万円を遊具代に充てた。ボランティアとして1人暮らしの高齢者の被災住宅で泥かきをした遠藤元一選手会長は「サッカーだけではいけないと感じた。自分たちを支えてくれている地域のために何かできないかと思った」と話していた。

●6月17日 AC長野代表が知事訪問 開幕へ「地域の力に」

AC長野パルセイロと松本山雅の代表が17日、県庁に阿部守一知事を訪ね、新型コロナウイルスの影響で止まっているリーグ戦が今月末から始まることを報告した。

28日の富山戦が開幕戦となるAC長野の堀江三定会長は「選手はサッカーができる感謝の気持ちが強い。それをサポーターに伝えていきたい」と話した。27日の金沢戦で再開する松本山雅の神田文之社長は、スタジアムの感染予防対策を徹底するとした上で、「サッカーの力を地域の活性化に生かしたい」と強調。阿部知事は「常に感染リスクを考えて活動してほしい」と要望。その上で、「沈滞している県民の気持ちをもり立てるにはスポーツの力は大きい」と再開に期待を寄せた。両クラブはクラブ公式のマスクを阿部知事に贈った。

阿部知事にマスクを贈る堀江三定会長ら

●6月24日 レディースチーム、埼玉と開幕戦 ホームで7月19日決定

日本女子サッカーリーグは24日、新型コロナウイルスの影響で開幕が7月18日に延期となったなでしこリーグの日程を発表した。降格して2部で戦うレディースチームの開幕戦は19日で、ホームの長野Uスタジアムにちふれ AS埼玉を迎える。

2部は10チームが、11月15日の最終18節まで2回戦総当たりで争う。1部と2部の合同カップ戦は新型コロナで中止となったが、リーグ戦開幕が約4カ月遅れたため、18週連続の試合となる。

第2節までは無観客試合で、その後は新型コロナの感染状況で観客を入れるかを決める。レディースチームの佐野監督はクラブを通じ「開幕から逆算して、引き続き良い準備を進めたい」とコメント。主将のGK池ケ谷は「気持ちが高ぶっている。サポーターに勝利の喜びや元気、勇気を届けられるよう全力で戦いたい」とした。

J3待望の開幕

始まったトップチームの新たな挑戦

新型コロナウイルス感染拡大の影響で約4カ月遅れて、6月27日に開幕を迎えたサッカー明治安田生命J3リーグ。
参戦7季目のトップチームは、昨季は一時最下位に沈むなど9位と苦戦。2季目の指揮を執る横山雄次監督の下、引き続き「堅守多攻」をテーマに掲げて悲願のJ2昇格へと巻き返しを図った。
北信越リーグ時代からのベテランが退団し、16人が新加入。大卒から、横山監督の下でプレー経験のある選手まで幅広く補強し、既存選手との先発争いも活性化。若返りを図った「新生」トップチームの開幕直前の姿をまとめた。

「意地を見せたい」と語る横山監督

「堅守多攻」さらに磨き、意地を見せる

横山雄次監督がチームの飛躍を狙っている。昨季は最終節までの5連勝を含めて8試合負けなしで締めくくった。今季は開幕から自動昇格圏内の争いを続けていくことに、神経を研ぎ澄ませる。

堅い守りをつくる手腕に定評がある。昨季の総失点数はリーグ4位タイの少なさ。新メンバー16人が加わっても「そこは変わりない。繰り返し指導して浸透させることが大事」とぶれない。

昨季34試合で35得点にとどまった得点力不足という、最大の課題に正面から向き合う。サイド攻撃や中央突破、ショートカウンター、セットプレー…。日々の練習で、選手の技術や意識、コンビネーションを着実に高めてきた。「チームとして意図的に攻撃したい。パターンをつくった上で、相手があることなので意外性のあるプレーもやっていかなければ」

戦術の基盤は昨季から掲げる「全員攻撃・全員守備」だ。そこに今季は「全員切り替え」を追加した。ボールを奪ったり、奪われたりした瞬間の選手の動きだしを重視する。「昨年から選手に言ってきているが、そこをよりクローズアップさせたい」と強調する。

新型コロナによる過密日程にも「スタッフ全員でコンディション維持などをコントロールしていく。選手にとってもこれだけ試合があるならやりがいがあるはず」としっかり対応する構えだ。

「昨季はホームであまり勝てなくてサポーターをがっかりさせてしまった。今年は絶対に負けない意地を見せる」。毎日の練習や一試合一試合に力を出し切る―。その先にある「吉報」を追い求めていく。

今季ホーム戦、白星倍に

多くのベテランがチームを去り、今季は新戦力16人を加えたトップチーム。東海林秀明強化部長は「チームとして舵を切らなければいけない時期」とする。横山監督が掲げる戦術スタイル「堅守多攻」に適応しそうな選手をポジション別にJ2や大学などからピックアップ。「監督が志向するサッカーをやっていけば成長してくれる」。大卒6人の新加入などにより若返りを図った。

前半戦でつまずいた昨季は、13勝10分け11敗で勝ち点49の9位に終わった。J2に昇格した1位の北九州は勝ち点66。「予想通り『試合数×勝ち点2』がJ3優勝ライン。34試合の今季も勝ち点68が必要」とみる。

昨季6勝だったホーム戦の勝利数を11～12勝に倍増するよう現場に求めた。後半戦は戦術の改善が見られ、「今季もそこを基準にしてほしい」と要望した。

25週で34試合を戦う過密日程。「体力のリカバリーは経験者に一日の長がある。若い選手が多いからといって有利とは言い切れない」。若手には「監督やコーチに（試合で）使いたいと思われるよう、日々の練習から頑張ってほしい」と成長を期待した。

AC長野の練習を見守る東海林強化部長

休止中の自主練習、95点の出来

練習のウォーミングアップで合図を送る
田中フィジカルコーチ

選手の体調管理のキーマンとなる田中等志フィジカルコーチが、約1カ月半に及んだ活動休止期間中の調整や、開幕後の過密日程対応などを語った。

―活動休止期間中の自主練習は

「有酸素能力とアジリティー（敏しょう性）、筋肉の3要素のトレーニング動画を毎日作成して選手たちへ送った。強度や頻度の変化をつけ、毎日の報告を義務化、足りない選手には量や強度を求めた」

「活動再開後の測定で、体脂肪率が全体的に下がっていた。プロ意識を高く保ち自主練習したことがデータで示された。全体的に１００点満点中95点の出来だと思う」

―開幕直前の体調管理とシーズンを乗り切る体づくりは

「急ピッチに上げるとけがの心配も出てくる。ぎりぎりのラインを見極めている。（25週で34試合の厳しいリーグ日程は）上げていったコンディションを維持して落とさないことが鍵を握る」

「大卒やプロ1、2年目の選手を鍛えるなど、選手それぞれに合ったトレーニングをしていく。横山監督から土台を一回りも二回りも大きくしてほしいと言われている。難しいシーズンだがスタッフ全員で協力して良い状態に持っていきたい」

「ボランチの大黒柱目指す」

元日本代表の明神智和と、昨季後半戦で攻守の大黒柱となった新井純平が現役を引退。補強ポイントとなったボランチで、鍵を握るのがJ3秋田から移籍した藤山智史だ。「2人を超えていけるような選手になって、期待に応えたい」と決意を込める。

三重・四日市中央工高2年時に全国高校選手権準優勝に貢献した。こぼれ球の回収や対人での競り合いといった守備面を武器に、秋田で17、18年に計61試合に出場。しかし、昨季は2月のキャンプで左膝の半月板を損傷した。サッカー人生初という大けがに「頭が真っ白になった」。

4月に手術を受け、地道にリハビリを重ねた。8月末のリーグ中盤で復帰を果たすと、14試合に出場して2得点。「リハビリで一から体をつくり直したことが結果につながった」と振り返る。

心身ともに成長した昨季を経て、今季は万全な状態で開幕を迎える。コロナ禍により、サッカーができるありがたみを実感。「勝つことで明るい話題を長野に届けたい。全試合に出場してチームに貢献する」と力強く宣言した。

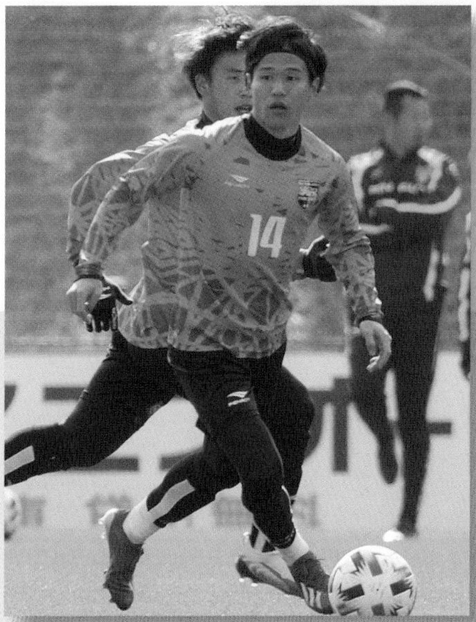
MF 三田 尚希（木曽町出身）

MF 藤山 智史

「プレーと結果で引っ張る」

同じJ3で結果を残し、地元の長野に戻ってきた。上松中卒業後に県外へ進んだMF三田尚希は、日本フットボールリーグ（JFL）の2チームを経て、昨季はJ3初参戦の八戸で10得点。AC長野からオファーを受け、「地元のチームでプレーさせてもらえることに感謝している」と語る。

青森山田高では約70人が暮らす部員寮で寮長を務めた。同級生には日本代表のMF柴崎岳（スペイン2部デポルティボ）ら。「僕より断然うまい選手がいる」と肌で感じてきた。そういった選手に近づくために努力を重ね、「常に上を目指さなかったら、この世界では生きていけない」。２０１９年、26歳でJリーガーとなった遅咲きの苦労人だ。

持ち前の走力と積極的にゴールを狙う姿勢を持つサイドアタッカー。「得点もアシストも2桁を狙う。年齢もチームでは上の方なので、プレーと結果で引っ張っていく」。新型コロナウイルスによるチーム練習中断中は、自宅で過去のJリーグの試合映像を見てイメージを膨らませた。ぶれない姿勢を持ち、J2昇格を目指す。

新生レディースチームも

優勝狙って ホームで開幕戦

サッカー女子のプレナスなでしこリーグ1、2部は7月18、19日、各10チームが参加して開幕。今季から2部のレディースチームは19日、長野Ｕスタジアムに昨季3位のちふれＡＳ埼玉を迎えた。

戦力的にも駒をそろえた。攻撃の核は、欧州クラブを経て今季復帰した元日本代表の泊。1部の新潟から獲得した池田や日体大出身の岡本と住永は即戦力の期待が懸かり、けがを克服した中村（長野市出身）や練習試合でゴールを重ねる下部組織登録の川船（長野市出身）も。守備の要は五嶋。世代別日本代表の滝沢（岡谷市出身）、監督がキープレーヤーに推す三谷の両サイドＭＦがボールをゴール前に運ぶ。

今季は若手中心に14人を補強。1年目の佐野監督の下、下部組織の2人を含む26人体制でリーグ優勝を目指した。

「新戦力の成長に期待している」と話す佐野監督

今季からレディースチームを率いる佐野佑樹監督（37）は「リーグ優勝を狙う」と目標を語った。Ｊ3で戦うトップチーム同様に「全員攻撃・全員守備」を基本戦術に据える。前線と中盤、最終ラインがコンパクトに連動するイメージ。前線で相手ボールを奪い、素早く攻撃する昨季までのサッカーを継続しつつ、後ろからの組み立てにも挑む。「選手の良さを引き出したい」と、個々の特長を生かす考えだ。

新型コロナで活動制限「今は状態戻った」

コロナ禍でチーム活動が約1カ月半制限され、6月1日のチーム練習再開直後は体力や試合勘が低下していた。しかし、日々の練習と4度の練習試合を経て、「今は（当初の開幕予定だった）3月頃の状態に戻った」と手応えを感じている。ＦＷ中村らがけがから復帰したのも好材料という。

新潟レディースＵ－18監督を２０１３年から6年間務め、前任の本田美登里監督（静岡ＳＳＵアスレジーナ監督）に誘われて19年にＡＣ長野の普及スタッフになった。昨年12月に就任すると、さっそく新潟のＤＦ池田らを獲得。「覚悟を持って残ってくれた選手たちと新戦力を組み合わせたい」と力を込める。

来年9月に女子プロリーグ「ＷＥリーグ」が新設されることに伴い、自動昇降格と入れ替え戦は行われないが、佐野監督は「降格したからこそ取り組む姿勢が問われる。昨年以上にできるところを見せたい」と決意し、異例ずくめのシーズンに乗り出す。

「結果を出す」

GK池ヶ谷 夏美

レディースチームの主将を務める池ヶ谷が今季に懸ける意気込みを語った。

―開幕戦でちふれＡＳ埼玉と対戦する

「ＡＳ埼玉には日本代表クラスの選手や元ＡＣ長野の木下らがいる。絶対に負けられないし、優勝決定戦ぐらいの気持ちで戦いたい」

―コロナ禍で約1カ月半、活動が休止した

「それぞれ自分のテーマを明確にして調整できた。開幕から18週連続で試合が続くが、シーズンを通して戦う体力づくりはできた」

―攻撃の柱の横山が米国のクラブに移籍した。攻守の課題は

「攻撃陣は泊がリーダーだが、激しい競争の中から絶対的なエースが出てきてほしい。守備では若手はどうしてもプレーの甘さや責任感の足りないところがある。どれだけ日々成長できるかだ」

―今季の目標は

「個人的にはリーグ戦18試合の失点数を1桁台に抑えたい。高い目標を置き、自分にプレッシャーを掛けていく。今季は昇降格がないが、結果を出すことが大事だ」

2020 公式戦全記録

J3

第1節▶富山県総合運動公園陸上競技場

away　6月28日（日）18時30分 Kick off
入場者数／0人　天候／雨のち曇

カターレ富山				AC長野パルセイロ
1	1	前	0	1
	0	後	1	

齋藤　和希	31	GK	GK	1	小澤　章人
今瀬　淳也	5	DF	DF	29	川田　拳登
林堂　眞	23	DF	DF	5	広瀬　健太
田中　佑昌	27	DF	DF	4	浦上　仁騎
碓井　鉄平	6	MF	DF	18	内田　恭兵
佐々木陽次	7	MF	MF	8	藤山　智史
花井　聖	10	MF	MF	24	坪川　潤之
末木　裕也	16	MF	MF	14	三田　尚希
椎名　伸志	22	MF	FW	11	木村　裕
戸高　弘貴	32	MF	FW	10	東　浩史
平松　宗	37	FW	FW	22	吉田　伊吹
交代要員					
松原　優吉	2	DF	DF	3	遠藤　元一
稲葉　修士	17	MF	DF	20	吉村　弦
池高　暢希	33	MF	FW	23	大城　佑斗
武　颯	9	FW	FW	13	佐野　翼
大野　耀平	14	FW	FW	19	岡　佳樹

得点〔富〕椎名（16）〔長〕東（57）
交代〔富〕椎名（61　大野）佐々木（70　池高）戸高（90+2　武）末木（90+2　松原）碓井（90+2　稲葉）〔長〕内田（46　吉村）木村（74　佐野）吉田（81　岡）川田（90+3　遠藤）東（90+3　大城）
警告・退場〔富〕大野〔長〕吉村
備考 新型コロナウイルス感染予防対策のため、無観客での試合開催（リモートマッチ）

第2節▶長野Uスタジアム

home　7月5日（日）17時 Kick off
入場者数／0人　天候／曇

AC長野パルセイロ				アスルクラロ沼津
3	1	前	1	1
	2	後	0	

小澤　章人	1	GK	GK	13	長沢　祐弥
内田　恭兵	18	DF	DF	18	尾崎瑛一郎
広瀬　健太	5	DF	DF	2	藤嵜　智貴
浦上　仁騎	4	DF	DF	22	徳武　正之
水谷　拓磨	17	DF	DF	3	安在　達弥
藤山　智史	8	MF	MF	11	前澤　甲気
坪川　潤之	24	MF	MF	20	佐藤　尚輝
三田　尚希	14	MF	MF	8	普光院　誠
東　浩史	10	MF	MF	15	菅井　拓也
木村　裕	11	FW	MF	10	染矢　一樹
吉田　伊吹	22	FW	FW	29	今村　優介
交代要員					
遠藤　元一	3	DF	MF	6	鈴木拳士郎
川田　拳登	29	DF	FW	5	坂本　修佑
佐野　翼	13	FW	FW	14	中山　雄希
岡　佳樹	19	FW	FW	35	渡邉りょう

得点〔長〕東（23）広瀬（51）三田（76）〔沼〕前澤（39）
交代〔長〕内田（46　川田）吉田（59　岡）木村（71　佐野）坪川（86　遠藤）〔沼〕佐藤（62　中山）今村（62　渡邉）菅井（74　鈴木）染矢（87　坂本）
警告・退場〔沼〕尾崎
備考 新型コロナウイルス感染予防対策のため、無観客での試合開催（リモートマッチ）

第3節▶相模原ギオンスタジアム

away　7月11日（土）17時 Kick off
入場者数／801人　天候／曇

SC相模原				AC長野パルセイロ
0	0	前	0	0
	0	後	0	

ビクトル	1	GK	GK	1	小澤　章人
夛田　凌輔	2	DF	DF	18	内田　恭兵
田村　友	14	DF	DF	5	広瀬　健太
富澤清太郎	3	DF	DF	4	浦上　仁騎
星　広太	17	DF	DF	17	水谷　拓磨
松田詠太郎	24	MF	MF	8	藤山　智史
鹿沼　直生	28	MF	MF	24	坪川　潤之
梅鉢　貴秀	33	MF	MF	14	三田　尚希
和田　昌士	27	MF	MF	11	木村　裕
ホムロ	10	FW	FW	10	東　浩史
ユーリ	9	FW	FW	22	吉田　伊吹
交代要員					
清原　翔平	19	MF	DF	29	川田　拳登
才藤　龍治	13	FW	MF	9	牧野　寛太
三島　康平	15	FW	FW	13	佐野　翼
			FW	19	岡　佳樹

得点　なし
交代〔相〕和田（71　清原）ユーリ（78　才藤）ホムロ（84　三島）〔長〕内田（46　川田）吉田（55　岡）木村（67　佐野）東（78　牧野）
警告・退場〔相〕梅鉢〔長〕広瀬、水谷
備考 新型コロナウイルス感染予防対策のため、制限付き（入場者数上限「5000人以下」又は収容率「50%以下」）での試合開催

第4節▶長野Uスタジアム

home　7月15日（水）19時 Kick off
入場者数／1,277人　天候／曇

AC長野パルセイロ				福島ユナイテッドFC
2	1	前	0	1
	1	後	1	

小澤　章人	1	GK	GK	1	ファンティーニ燦
川田　拳登	29	DF	DF	25	前田　椋介
遠藤　元一	3	DF	DF	3	阪田　章裕
浦上　仁騎	4	DF	DF	19	河西　真
吉村　弦	20	DF	DF	21	吉田　朋恭
藤山　智史	8	MF	MF	18	橋本　陸
坪川　潤之	24	MF	MF	29	吉永　大志
三田　尚希	14	MF	MF	10	橋本　拓門
佐相　壱明	15	MF	MF	7	田村　亮介
東　浩史	10	FW	FW	40	樋口　寛規
佐野　翼	13	FW	FW	9	イスマイラ
交代要員					
水谷　拓磨	17	MF	DF	5	岡田　亮太
牧野　寛太	9	MF	MF	17	諸岡　裕人
大城　佑斗	23	FW	MF	24	鎌田　大夢
岡　佳樹	19	FW	FW	8	池田　昌生
			FW	20	トカチ

得点〔長〕佐相（18）三田（89）〔福〕トカチ（74）
交代〔長〕佐相（62　大城）東（75　水谷）佐野（75　岡）坪川（83　牧野）〔福〕樋口（46　鎌田）田村（54　池田）橋本拓（62　トカチ）橋本陸（62　諸岡）前田（90+5　岡田）
警告・退場〔福〕イスマイラ、鎌田2、鎌田（退場）
備考 試合終了後 警告（C3）福島 時崎　悠（ヘッドコーチ）
新型コロナウイルス感染予防対策のため、制限付き（入場者数上限「5000人以下」又は収容率「50%以下」）での試合開催

第5節▶ソユースタジアム

away　7月19日（日）18時 Kick off
入場者数／1,089人　天候／晴

ブラウブリッツ秋田				AC長野パルセイロ
1	1	前	0	0
	0	後	0	

田中　雄大	21	GK	GK	1	小澤　章人
鈴木　準弥	3	DF	DF	20	吉村　弦
千田　海人	5	DF	DF	5	広瀬　健太
加賀　健一	50	DF	DF	3	遠藤　元一
鎌田　翔雅	39	DF	DF	17	水谷　拓磨
下澤　悠太	10	MF	MF	14	三田　尚希
前山　恭平	7	MF	MF	4	浦上　仁騎
山田　尚幸	24	MF	MF	8	藤山　智史
久富　賢	11	MF	MF	11	木村　裕
林　容平	13	FW	FW	10	東　浩史
齋藤　恵太	29	FW	FW	22	吉田　伊吹
交代要員					
江口　直生	15	MF	DF	29	川田　拳登
茂　平	8	MF	MF	24	坪川　潤之
沖野　将基	22	MF	FW	15	佐相　壱明
中村　亮太	9	FW	FW	13	佐野　翼
井上　直輝	16	FW	FW	19	岡　佳樹

得点〔秋〕鎌田（36）
交代〔秋〕前山（56　茂）林（56　中村）久富（78　沖野）齋藤（78　井上）下澤（80　江口）〔長〕木村（46　川田）吉田（46　佐野）東（60　佐相）藤山（78　岡）浦上（88　坪川）
警告・退場〔秋〕鎌田
備考 新型コロナウイルス感染予防対策のため、制限付き（入場者数上限「5000人以下」又は収容率「50%以下」）での試合開催

第6節▶長野Uスタジアム

home　7月25日（土）18時 Kick off
入場者数／1,567人　天候／雨

AC長野パルセイロ				Y.S.C.C.横浜
4	4	前	1	1
	0	後	0	

小澤　章人	1	GK	GK	1	大内　一生
吉村　弦	20	DF	DF	4	土館　賢人
広瀬　健太	5	DF	DF	3	宗近　慧
浦上　仁騎	4	DF	DF	11	宮本　拓弥
水谷　拓磨	17	DF	MF	7	宮尾　孝一
三田　尚希	14	MF	MF	19	和田　幹大
藤山　智史	8	MF	MF	6	佐藤　祐太
坪川　潤之	24	MF	MF	8	吉田　明生
東　浩史	10	MF	FW	9	大泉　和也
佐相　壱明	15	MF	FW	10	柳　雄太郎
木村　裕	11	FW	FW	18	音泉　翔眞
交代要員					
遠藤　元一	3	DF	DF	23	船橋　勇真
川田　拳登	29	DF	DF	25	西山　峻太
牧野　寛太	9	MF	MF	26	植村　友哉
大城　佑斗	23	FW	FW	27	古山　蓮
佐野　翼	13	FW	FW	28	オニエ オゴチュクウ

得点〔長〕三田（11、30）木村（24）吉村（42）〔横〕柳（37）
交代〔長〕佐相（58　大城）木村（58　佐野）広瀬（58　遠藤）東（66　牧野）三田（84　川田）〔横〕吉田（46　オニエ　オゴチュクウ）音泉（46　西山）大泉（46　船橋）佐藤（66　古山）柳（74　植村）
警告・退場〔横〕宮尾
備考 新型コロナウイルス感染予防対策のため、制限付き（入場者数上限「5000人以下」又は収容率「50%以下」）での試合開催

第 9 節▸長野 U スタジアム

home 8 月 9 日（日） 18時 Kick off
入場者数／2,352人 天候／曇

AC 長野パルセイロ				鹿児島ユナイテッド FC
1	1	前	0	1
	0	後	1	

立川小太郎	21	GK	GK	13	大西 勝悟
吉村 弦	20	DF	DF	26	田中 奏一
喜岡 佳太	2	DF	DF	22	青山 直晃
浦上 仁騎	4	DF	DF	4	藤原広太朗
水谷 拓磨	17	DF	DF	15	藤澤 典隆
三田 尚希	14	MF	MF	39	ニ ウ ド
藤山 智史	8	MF	MF	6	田辺 圭佑
坪川 潤之	24	MF	MF	11	五領 淳樹
東 浩史	10	MF	MF	36	米澤 令衣
佐相 壱明	15	FW	FW	9	薗田 卓馬
木村 裕	11	FW	FW	20	酒本 憲幸
交代要員					
広瀬 健太	5	DF	DF	5	平出 涼
大城 佑斗	23	FW	MF	38	中原 秀人
佐野 翼	13	FW	MF	41	三宅 海斗
岡 佳樹	19	FW	MF	16	枝本雄一郎
			FW	50	馬場 賢治

得点〔鹿〕米澤（70）
交代〔長〕木村（66 佐野）佐相（73 大城）坪川（85 広瀬）藤山（85 岡）〔鹿〕ニウド（46 中原）薗田（46 馬場）青山（73 平出）酒本（84 三宅）米澤（90+5 枝本）
警告・退場〔長〕浦上〔鹿〕馬場
備考 新型コロナウイルス感染予防対策のため、制限付き（入場者数上限「5000 人以下」又は収容率「50% 以下」）での試合開催

第 8 節▸長野 U スタジアム

home 8 月 2 日（日） 18時 Kick off
入場者数／1,731人 天候／曇

AC 長野パルセイロ				ガンバ大阪 U-23
1	0	前	0	0
	1	後	0	

立川小太郎	21	GK	GK	16	一森 純
川田 拳登	29	DF	DF	46	當麻 颯
喜岡 佳太	2	DF	DF	28	タビナスジェファーソン
浦上 仁騎	4	DF	DF	35	山口 竜弥
水谷 拓磨	17	DF	MF	23	市丸 瑞希
坪川 潤之	24	MF	MF	26	奥野 耕平
三田 尚希	14	MF	MF	32	芝本 蓮
藤山 智史	8	MF	MF	30	塚元 大
東 浩史	10	MF	MF	34	川﨑 修平
大城 佑斗	23	FW	MF	37	白井 陽斗
木村 裕	11	FW	FW	38	唐山 翔自
交代要員					
遠藤 元一	3	DF	MF	43	伊勢 航
吉村 弦	20	DF			
佐相 壱明	15	FW			
佐野 翼	13	FW			
岡 佳樹	19	FW			

得点〔長〕佐野（76）
交代〔長〕大城（46 佐相）木村（58 佐野）川田（58 吉村）喜岡（76 遠藤）東（88 岡）〔G大〕白井（84 伊勢）
警告・退場〔G大〕市丸
備考 新型コロナウイルス感染予防対策のため、制限付き（入場者数上限「5000 人以下」又は収容率「50% 以下」）での試合開催

第 7 節▸プライフーズスタジアム

away 7 月 29 日（水） 15時 Kick off
入場者数／427人 天候／晴

ヴァンラーレ八戸				AC 長野パルセイロ
2	1	前	1	2
	1	後	1	

ゴ ドンミン	1	GK	GK	1	小澤 章人
國分 将	11	DF	DF	20	吉村 弦
河津 良一	6	DF	DF	3	遠藤 元一
穂積 諒	22	DF	DF	4	浦上 仁騎
佐藤 和樹	33	DF	DF	17	水谷 拓磨
國領 一平	32	MF	MF	14	三田 尚希
新井山祥智	10	MF	MF	8	藤山 智史
前田 柊	4	MF	MF	24	坪川 潤之
秋吉 泰佑	44	FW	MF	10	東 浩史
高見 啓太	8	FW	FW	15	佐相 壱明
谷尾 昂也	18	FW	FW	11	木村 裕
交代要員					
丸岡 悟	13	MF	DF	29	川田 拳登
安藤 翼	17	MF	MF	9	牧野 寛太
黒石 貴哉	30	FW	FW	23	大城 佑斗
上形 洋介	9	FW	FW	13	佐野 翼

得点〔八〕谷尾（12）丸岡（88）〔長〕吉村（7）佐野（83）
交代〔八〕前田（62 安藤）高見（62 黒石）秋吉（75 上形）新井山（87 丸岡）〔長〕木村（54 佐野）佐相（59 川田）川田（79 大城）東（79 牧野）
警告・退場〔八〕黒石〔長〕小澤
備考 新型コロナウイルス感染予防対策のため、制限付き（入場者数上限「5000 人以下」又は収容率「50% 以下」）での試合開催

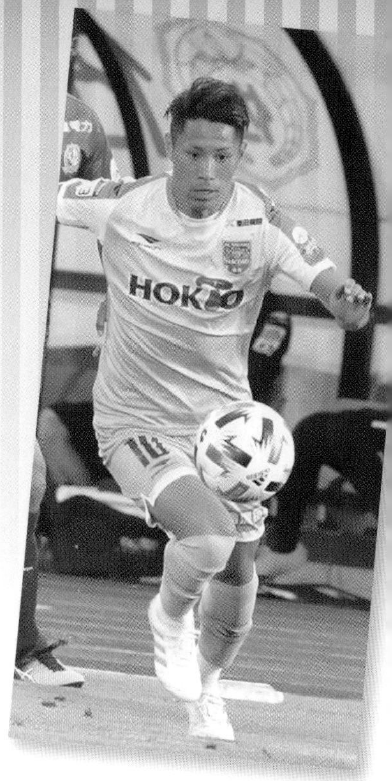

第 13 節▸ありがとうサービス. 夢スタジアム

away 9 月 2 日（水） 15時 Kick off
入場者数／671人 天候／曇時々晴

FC 今治				AC 長野パルセイロ
1	1	前	1	1
	0	後	0	

岡田 慎司	31	GK	GK	16	阿部 伸行
駒野 友一	3	DF	DF	29	川田 拳登
チョン ハンチョル	2	DF	DF	2	喜岡 佳太
園田 拓也	4	DF	DF	3	遠藤 元一
上原 拓郎	22	DF	DF	20	吉村 弦
玉城 峻吾	8	MF	MF	4	浦上 仁騎
楠美 圭史	25	MF	MF	7	妹尾 直哉
橋本 英郎	27	MF	MF	9	牧野 寛太
有間 潤	10	MF	FW	23	大城 佑斗
林 誠道	11	FW	FW	19	岡 佳樹
澤上 竜二	13	FW	FW	15	佐相 壱明
交代要員					
山田 貴文	7	DF	MF	25	藤森 亮志
桑島 良汰	14	FW	MF	17	水谷 拓磨
レオ ミネイロ	33	FW	MF	14	三田 尚希
			FW	13	佐野 翼
			FW	22	吉田 伊吹

得点〔今〕林（32）〔長〕岡（26）
交代〔今〕澤上（60 桑島）林（74 レオ ミネイロ）橋本（74 山田）〔長〕妹尾（46 水谷）佐相（46 三田）岡（55 吉田）吉村（65 佐野）大城（89 藤森）
警告・退場〔長〕水谷、遠藤
備考 新型コロナウイルス感染予防対策のため、制限付き（入場者数上限「5000 人以下」又は収容率「50% 以下」）での試合開催

第 12 節▸ Axis バードスタジアム

away 8 月 29 日（土） 19時 Kick off
入場者数／818人 天候／晴

ガイナーレ鳥取				AC 長野パルセイロ
1	0	前	0	1
	1	後	1	

田尻 健	13	GK	GK	16	阿部 伸行
上松 瑛	15	DF	DF	20	吉村 弦
井上黎生人	4	DF	DF	4	浦上 仁騎
石井 光輝	16	DF	DF	5	広瀬 健太
安藤 一哉	20	MF	DF	17	水谷 拓磨
三沢 直人	8	MF	MF	14	三田 尚希
可児 壮隆	7	MF	MF	24	坪川 潤之
魚里 直哉	41	MF	MF	8	藤山 智史
坂井 大将	27	FW	MF	10	東 浩史
田口 裕也	17	FW	FW	23	大城 佑斗
小林 智光	19	FW	FW	22	吉田 伊吹
交代要員					
小牧 成亘	2	MF	DF	29	川田 拳登
新井 泰貴	21	MF	MF	9	牧野 寛太
新井 光	23	MF	FW	15	佐相 壱明
ジョアンデルソン	9	FW	FW	13	佐野 翼
フェルナンジーニョ	10	FW	FW	19	岡 佳樹

得点〔鳥〕フェルナンジーニョ（79）〔長〕牧野（74）
交代〔鳥〕小林（46 新井光）田口（55 ジョアンデルソン）可児（61 新井泰）坂井（78 小牧）上松（78 フェルナンジーニョ）〔長〕大城（46 牧野）吉村（65 川田）吉田（65 佐野）東（82 佐相）坪川（90+1 岡）
警告・退場〔鳥〕坂井
備考 新型コロナウイルス感染予防対策のため、制限付き（入場者数上限「5000 人以下」又は収容率「50% 以下」）での試合開催

第 11 節▸長野 U スタジアム

home 8 月 22 日（土） 18時 Kick off
入場者数／2,034人 天候／雨

AC 長野パルセイロ				藤枝 MYFC
2	1	前	1	3
	1	後	2	

阿部 伸行	16	GK	GK	1	杉本 拓也
吉村 弦	20	DF	DF	2	川島 将
喜岡 佳太	2	DF	DF	5	浅田 大樹
広瀬 健太	5	DF	DF	4	秋山 貴嗣
水谷 拓磨	17	DF	MF	30	松岡 亮輔
三田 尚希	14	MF	MF	22	久富 良輔
藤山 智史	8	MF	MF	15	姫野 宥弥
坪川 潤之	24	MF	MF	23	片岡 爽
佐相 壱明	15	FW	MF	19	稲積 大介
木村 裕	11	FW	FW	9	大石 治寿
吉田 伊吹	22	FW	FW	27	吉平 翼
交代要員					
浦上 仁騎	4	DF	DF	24	那須川将大
川田 拳登	29	DF	MF	11	杉田 真彦
東 浩史	10	MF	MF	14	谷澤 達也
大城 佑斗	23	FW			
佐野 翼	13	FW			

得点〔長〕吉田（42）東（47）〔藤〕川島（26）稲積（64）谷澤（68）
交代〔長〕佐相（46 東）木村（71 浦上）吉村（71 川田）坪川（78 佐野）水谷（88 大城）〔藤〕片岡（58 谷澤）吉平（79 杉田）稲積（79 那須川）
警告・退場〔藤〕久富、杉本
備考 新型コロナウイルス感染予防対策のため、制限付き（入場者数上限「5000 人以下」又は収容率「50% 以下」）での試合開催

第 10 節▸いわぎんスタジアム

away 8 月 16 日（日） 15時 Kick off
入場者数／516人 天候／晴

いわてグルージャ盛岡				AC 長野パルセイロ
1	0	前	3	4
	1	後	1	

鈴木 智幸	27	GK	GK	16	阿部 伸行
牟田 雄祐	4	DF	DF	20	吉村 弦
藤井 航大	3	DF	DF	2	喜岡 佳太
森下 俊	35	DF	DF	5	広瀬 健太
有永 一生	25	MF	DF	17	水谷 拓磨
モ レ ラ ト	6	MF	MF	24	坪川 潤之
小谷 光毅	39	MF	MF	8	藤山 智史
下畠 翔吾	2	MF	MF	14	三田 尚希
大垣 勇樹	28	FW	MF	9	牧野 寛太
岸田 和人	9	FW	FW	11	木村 裕
橋本 晃司	23	FW	FW	22	吉田 伊吹
交代要員					
平川 元樹	16	DF	DF	4	浦上 仁騎
後藤 京介	41	MF	MF	10	東 浩史
嫁阪 翔太	14	MF	FW	23	大城 佑斗
色摩 雄貴	32	FW	FW	13	佐野 翼
大谷 真史	20	FW	FW	19	岡 佳樹

得点〔盛〕牟田（90）〔長〕三田（10、87）吉田（33、40）
交代〔盛〕モレラト（38 後藤）大垣（38 嫁阪）藤井（46 平川）岸田（46 大谷）橋本（70 色摩）〔長〕牧野（46 東）坪川（64 浦上）木村（70 佐野）東（82 大城）吉田（82 岡）
警告・退場〔長〕吉村、水谷
備考 48' 警告（C3）岩手 秋田 豊（監督）
新型コロナウイルス感染予防対策のため、制限付き（入場者数上限「5000 人以下」又は収容率「50% 以下」）での試合開催

第 17 節▸長野Uスタジアム
home 9 月 22 日（火・祝）18時 Kick off
入場者数／2,180人 天候／曇

AC 長野パルセイロ		前		カマタマーレ讃岐
1	0	前	0	0
	1	後	0	

小澤 章人	1	GK	GK	16	服部 一輝
遠藤 元一	3	DF	DF	23	柳田 健太
喜岡 佳太	2	DF	DF	5	小松 拓幹
浦上 仁騎	4	DF	DF	30	竹内 彬
水谷 拓磨	17	DF	DF	2	西野 貴治
岩沼 俊介	6	MF	MF	17	池谷 友喜
藤森 亮志	25	MF	MF	15	岩本 和希
牧野 寛太	9	MF	MF	21	神谷 椋士
藤山 智史	8	MF	MF	19	川﨑 一輝
佐相 壱明	15	FW	FW	9	栗田マークアジェイ
岡 佳樹	19	FW	FW	26	ブラウンノア賢信
交代要員					
大桃 海斗	26	DF	DF	3	松本 直也
川田 拳登	29	DF	DF	22	杉山 弾斗
坪川 潤之	24	MF	MF	11	森川 裕基
大城 佑斗	23	FW	MF	18	中村 亮
佐野 翼	13	FW	MF	20	下川 太陽

得点〔長〕佐野（63）
交代〔長〕岡（46 佐野）佐相（46 大城）藤森（67 坪川）牧野（78 川田）喜岡（88 大桃）〔讃〕小松（48 松本）神谷（64 中村）柳田（64 森川）栗田（82 杉山）池谷（82 下川）
警告・退場〔讃〕中村
備考 新型コロナウイルス感染予防対策のため、制限付き（入場可能数の「50%以下」又は入場可能数が「17,000 人以上のスタジアムは 30%以下」）での試合開催
※入場可能数や適用時期は主管クラブが決定

第 16 節▸岐阜メモリアルセンター長良川競技場
away 9 月 19 日（土）19時 Kick off
入場者数／3,127人 天候／曇

FC 岐阜		前		AC 長野パルセイロ
0	0	前	0	2
	0	後	2	

松本 拓也	31	GK	GK	1	小澤 章人
柳澤 亘	22	DF	DF	29	川田 拳登
甲斐健太郎	4	DF	DF	5	広瀬 健太
イヨハ理ヘンリー	27	DF	DF	4	浦上 仁騎
橋本 和	2	DF	DF	17	水谷 拓磨
竹田 忠嗣	3	MF	MF	14	三田 尚希
大西遼太郎	23	MF	MF	8	藤山 智史
川西 翔太	10	MF	MF	24	坪川 潤之
町田ブライト	15	FW	FW	15	佐相 壱明
粟飯原尚平	24	FW	FW	10	東 浩史
高崎 寛之	9	FW	FW	22	吉田 伊吹
交代要員					
藤谷 匠	17	DF	DF	2	喜岡 佳太
三島 頌平	6	MF	DF	3	遠藤 元一
中島 賢星	8	MF	MF	6	岩沼 俊介
富樫 佑太	16	FW	FW	23	大城 佑斗
前田 遼一	11	FW	FW	13	佐野 翼

得点〔長〕東（78）佐野（89）
交代〔岐〕町田（70 富樫）粟飯原（82 前田）竹田（90 中島）大西（90 三島）柳澤（90 藤谷）〔長〕佐相（46 佐野）吉田（73 岩沼）坪川（81 遠藤）東（81 大城）川田（90+1 喜岡）
警告・退場〔岐〕甲斐〔長〕吉田
備考 新型コロナウイルス感染予防対策のため、制限付き（入場可能数の「50%以下」又は入場可能数が「17,000 人以上のスタジアムは 30%以下」）での試合開催
※入場可能数や適用時期は主管クラブが決定

第 15 節▸長野Uスタジアム
home 9 月 13 日（日）18時 Kick off
入場者数／2,094人 天候／曇

AC 長野パルセイロ		前		セレッソ大阪U-23
2	1	前	0	0
	1	後	0	

小澤 章人	1	GK	GK	45	茂木 秀
川田 拳登	29	DF	DF	29	島村 拓弥
遠藤 元一	3	DF	DF	44	吉馴 空矢
浦上 仁騎	4	DF	DF	46	田平 起也
水谷 拓磨	17	DF	DF	52	大橋 滉太
三田 尚希	14	MF	MF	38	西本 雅崇
藤山 智史	8	MF	MF	41	松本 凪生
坪川 潤之	24	MF	MF	53	岡澤 昂星
佐相 壱明	15	FW	MF	55	西村 昴
東 浩史	10	FW	FW	37	前田 龍大
岡 佳樹	19	FW	FW	48	新保 海鈴
交代要員					
岩沼 俊介	6	MF	FW	24	ウェリング ピアス
牧野 寛太	9	MF	FW	31	山内 寛史
佐野 翼	13	FW			
吉田 伊吹	22	FW			

得点〔長〕佐相（30）吉田（87）
交代〔長〕岡（46 佐野）佐相（58 牧野）坪川（70 岩沼）東（82 吉田）〔C大〕西本（66 山内）前田（83 ウェリング）
警告・退場〔長〕東〔C大〕西村
備考 新型コロナウイルス感染予防対策のため、制限付き（入場者数上限「5000 人以下」又は収容率「50% 以下」）での試合開催

第 14 節▸えがお健康スタジアム
away 9 月 9 日（水）19時 Kick off
入場者数／1,061人 天候／晴

ロアッソ熊本		前		AC 長野パルセイロ
1	0	前	0	2
	1	後	2	

内山 圭	35	GK	GK	16	阿部 伸行
黒木 晃平	2	DF	DF	29	川田 拳登
小笠原佳祐	3	DF	DF	5	広瀬 健太
酒井 崇一	4	DF	DF	4	浦上 仁騎
石川 啓人	17	DF	DF	17	水谷 拓磨
岡本 知剛	31	MF	MF	14	三田 尚希
河原 創	6	MF	MF	8	藤山 智史
上村 周平	8	MF	MF	24	坪川 潤之
中原 輝	7	FW	MF	10	東 浩史
髙橋 利樹	18	FW	FW	15	佐相 壱明
谷口 海斗	9	FW	FW	22	吉田 伊吹
交代要員					
衛藤 幹弥	20	DF	DF	3	遠藤 元一
伊東 俊	10	MF	MF	9	牧野 寛太
相澤 祥太	19	MF	FW	23	大城 佑斗
浅川 隼人	11	FW	FW	13	佐野 翼
			FW	19	岡 佳樹

得点〔熊〕谷口（69）〔長〕三田（66）佐野（77）
交代〔熊〕上村（46 伊東）髙橋（68 浅川）岡本（82 相澤）黒木（82 衛藤）〔長〕吉田（61 佐野）佐相（61 牧野）坪川（71 遠藤）川田（81 大城）東（81 岡）
警告・退場 なし
備考 新型コロナウイルス感染予防対策のため、制限付き（入場者数上限「5000 人以下」又は収容率「50% 以下」）での試合開催

第 20 節▸長野Uスタジアム
home 10 月 7 日（水）19時 Kick off
入場者数／1,625人 天候／雨

AC 長野パルセイロ		前		ロアッソ熊本
1	0	前	0	0
	1	後	0	

小澤 章人	1	GK	GK	35	内山 圭
吉村 弦	20	DF	DF	2	黒木 晃平
遠藤 元一	3	DF	DF	3	小笠原佳祐
浦上 仁騎	4	DF	DF	5	菅田 真啓
水谷 拓磨	17	DF	DF	17	石川 啓人
三田 尚希	14	MF	MF	6	河原 創
藤山 智史	8	MF	MF	8	上村 周平
坪川 潤之	24	MF	MF	7	中原 輝
藤森 亮志	25	MF	MF	9	谷口 海斗
東 浩史	10	MF	FW	18	髙橋 利樹
佐野 翼	13	FW	FW	11	浅川 隼人
交代要員					
川田 拳登	29	DF	DF	20	衛藤 幹弥
岩沼 俊介	6	MF	MF	15	坂本 広大
上米良柊人	38	MF	MF	31	岡本 知剛
牧野 寛太	9	MF			
吉田 伊吹	22	FW			

得点〔長〕坪川（54）
交代〔長〕藤森（46 上米良）佐野（70 吉田）坪川（76 岩沼）吉村（76 川田）上米良（86 牧野）〔熊〕浅川（59 岡本）髙橋（76 坂本）黒木（82 衛藤）
警告・退場 なし
備考 新型コロナウイルス感染予防対策のため、制限付き（入場可能数の「50%以下」又は入場可能数が「20,000 人以上のスタジアムは 30%程度からの段階的な緩和」）での試合開催
※入場可能数や適用時期は主管クラブが決定

第 19 節▸長野Uスタジアム
home 10 月 3 日（土）14時 Kick off
入場者数／2,201人 天候／曇

AC 長野パルセイロ		前		SC 相模原
0	0	前	1	1
	0	後	0	

小澤 章人	1	GK	GK	1	ビクトル
川田 拳登	29	DF	DF	8	ミルトン
広瀬 健太	5	DF	DF	18	白井 達也
浦上 仁騎	4	DF	DF	5	梅井 大輝
水谷 拓磨	17	DF	MF	2	夛田 凌輔
三田 尚希	14	MF	MF	33	梅鉢 貴秀
藤山 智史	8	MF	MF	28	鹿沼 直生
坪川 潤之	24	MF	MF	17	星 広太
東 浩史	10	MF	FW	27	和田 昌士
佐相 壱明	15	FW	FW	13	才藤 龍治
吉田 伊吹	22	FW	FW	10	ホムロ
交代要員					
吉村 弦	20	DF	MF	19	清原 翔平
岩沼 俊介	6	MF	FW	9	ユーリ
大城 佑斗	23	FW			
佐野 翼	13	FW			
岡 佳樹	19	FW			

得点〔相〕星（19）
交代〔長〕坪川（46 岩沼）佐相（46 佐野）川田（59 吉村）東（71 大城）三田（82 岡）〔相〕和田（59 清原）ホムロ（78 ユーリ）
警告・退場〔長〕佐相〔相〕和田、ビクトル
備考 新型コロナウイルス感染予防対策のため、制限付き（入場可能数の「50%以下」又は入場可能数が「20,000 人以上のスタジアムは 30%程度からの段階的な緩和」）での試合開催
※入場可能数や適用時期は主管クラブが決定

第 18 節▸白波スタジアム
away 9 月 27 日（日）18時 Kick off
入場者数／2,303人 天候／晴

鹿児島ユナイテッド FC		前		AC 長野パルセイロ
0	0	前	2	3
	0	後	1	

大西 勝悟	13	GK	GK	1	小澤 章人
フォゲッチ	2	DF	DF	29	川田 拳登
岡本 將成	3	DF	DF	5	広瀬 健太
藤原広太朗	4	DF	DF	4	浦上 仁騎
砂森 和也	24	DF	DF	17	水谷 拓磨
ニウド	39	MF	MF	8	藤山 智史
田辺 圭佑	6	MF	MF	24	坪川 潤之
米澤 令衣	36	MF	MF	14	三田 尚希
酒本 憲幸	20	MF	MF	10	東 浩史
牛之濵 拓	8	MF	FW	15	佐相 壱明
馬場 賢治	50	FW	FW	22	吉田 伊吹
交代要員					
中原 秀人	38	MF	DF	26	大桃 海斗
枝本雄一郎	16	MF	DF	3	遠藤 元一
萱沼 優聖	17	FW	MF	6	岩沼 俊介
			FW	23	大城 佑斗
			FW	13	佐野 翼

得点〔長〕吉田（06）広瀬（36）佐野（78）
交代〔鹿〕米澤（39 枝本）馬場（61 萱沼）田辺（70 中原）〔長〕佐相（46 岩沼）東（57 佐野）川田（66 遠藤）吉田（66 大城）藤山（89 大桃）
警告・退場〔鹿〕砂森
備考 新型コロナウイルス感染予防対策のため、制限付き（入場可能数の「50%以下」又は入場可能数が「20,000 人以上のスタジアムは 30%以下」）での試合開催
※入場可能数や適用時期は主管クラブが決定

第 24 節▸長野Uスタジアム

home　10 月 31 日（土）15時 Kick off
入場者数／ 2,536人　天候／晴

AC 長野パルセイロ			カターレ富山
0	0 前 0	0 後 1	1

小澤	章人	1	GK	GK	1	岡	大生
吉村	弦	20	DF	DF	4	戸根	一誓
広瀬	健太	5	DF	DF	19	柳下	大樹
浦上	仁騎	4	DF	DF	23	林堂	眞
水谷	拓磨	17	DF	MF	10	花井	聖
三田	尚希	14	MF	MF	17	稲葉	修士
藤山	智史	8	MF	MF	22	椎名	伸志
坪川	潤之	24	MF	MF	26	馬渡	隼暉
東	浩史	10	MF	MF	27	田中	佑昌
上米良柊人		38	MF	FW	14	大野	耀平
吉田	伊吹	22	FW	FW	37	平松	宗
交代要員							
遠藤	元一	3	DF	DF	2	松原	優吉
岩沼	俊介	6	MF	MF	6	碓井	鉄平
藤森	亮志	25	MF	MF	24	滝	裕太
牧野	寛太	9	MF	FW	18	松澤	彰
佐野	翼	13	FW				

得点〔富〕椎名（68）
交代〔長〕上米良（46　佐野）東（60　牧野）広瀬（75　遠藤）坪川（75　岩沼）三田（88　藤森）〔富〕田中（64　松原）椎名（82　滝）花井（82　碓井）大野（88　松澤）
警告・退場〔長〕水谷、藤森
備考 新型コロナウイルス感染予防対策のため、制限付き（入場可能数の「50%以下」又は入場可能数が「20,000 人以上のスタジアムは 30%程度からの段階的な緩和」）での試合開催
※入場可能数や適用時期は主管クラブが決定

第 23 節▸とうほう・みんなのスタジアム

away　10 月 25 日（日）13時 Kick off
入場者数／ 1,183人　天候／曇のち晴

福島ユナイテッド FC			AC 長野パルセイロ
1	0 前 0	1 後 0	0

渡辺	健太	50	GK	GK	1	小澤	章人
福島	隼斗	23	DF	DF	20	吉村	弦
岡田	亮太	5	DF	DF	2	喜岡	佳太
雪江	悠人	11	DF	DF	4	浦上	仁騎
吉田	朋恭	21	DF	DF	17	水谷	拓磨
樋口	寛規	40	MF	MF	14	三田	尚希
池田	昌生	8	MF	MF	8	藤山	智史
諸岡	裕人	17	MF	MF	24	坪川	潤之
田村	亮介	7	MF	MF	10	東	浩史
トカチ		20	FW	FW	15	佐相	壱明
イスマイラ		9	FW	FW	22	吉田	伊吹
交代要員							
橋本	陸	18	MF	DF	3	遠藤	元一
鎌田	大夢	24	MF	MF	6	岩沼	俊介
吉永	大志	29	MF	MF	38	上米良柊人	
				FW	23	大城	佑斗
				FW	13	佐野	翼

得点〔福〕トカチ（90+1）
交代〔福〕諸岡（75　鎌田）トカチ（90+2　橋本陸）池田（90+4　吉永）〔長〕佐相（46　佐野）東（59　上米良）坪川（59　岩沼）吉村（85　遠藤）三田（85　大城）
警告・退場〔福〕イスマイラ、樋口〔長〕坪川
備考 新型コロナウイルス感染予防対策のため、制限付き（入場可能数の「50%以下」又は入場可能数が「20,000 人以上のスタジアムは 30%程度からの段階的な緩和」）での試合開催
※入場可能数や適用時期は主管クラブが決定

第 22 節▸長野Uスタジアム

home　10 月 18 日（日）13時 Kick off
入場者数／ 2,250人　天候／曇

AC 長野パルセイロ			ヴァンラーレ八戸
3	0 前 1	3 後 0	1

小澤	章人	1	GK	GK	31	花田	力
川田	拳登	29	DF	DF	6	河津	良一
喜岡	佳太	2	DF	DF	39	近石	哲平
浦上	仁騎	4	DF	DF	40	深井	脩平
水谷	拓磨	17	DF	MF	10	新井山祥智	
三田	尚希	14	MF	MF	32	國領	一平
藤山	智史	8	MF	MF	11	國分	将
坪川	潤之	24	MF	MF	30	黒石	貴哉
東	浩史	10	MF	FW	44	秋吉	泰佑
佐相	壱明	15	FW	FW	9	上形	洋介
吉田	伊吹	22	FW	FW	17	安藤	翼
交代要員							
遠藤	元一	3	DF	MF	4	前田	柊
吉村	弦	20	DF	MF	8	高見	啓太
岩沼	俊介	6	MF	MF	13	丸岡	悟
上米良柊人		38	MF	MF	33	佐藤	和樹
佐野	翼	13	FW	FW	41	金	弘淵

得点〔長〕三田（59）吉田（66）上米良（89）〔八〕黒石（34）
交代〔長〕佐相（46　佐野）東（62　上米良）川田（62　吉村）坪川（77　岩沼）喜岡（82　遠藤）〔八〕秋吉（46　高見）國領（61　前田）黒石（73　丸岡）安藤（79　金）深井（79　佐藤）
警告・退場〔長〕東
備考 新型コロナウイルス感染予防対策のため、制限付き（入場可能数の「50%以下」又は入場可能数が「20,000 人以上のスタジアムは 30%程度からの段階的な緩和」）での試合開催
※入場可能数や適用時期は主管クラブが決定

第 21 節▸藤枝総合運動公園サッカー場

away　10 月 11 日（日）15時 Kick off
入場者数／ 823人　天候／晴

藤枝 MYFC			AC 長野パルセイロ
0	0 前 0	0 後 0	0

杉本	拓也	1	GK	GK	1	小澤	章人
秋山	貴嗣	4	DF	DF	20	吉村	弦
秋本	倫孝	6	DF	DF	3	遠藤	元一
川島	將	2	DF	DF	4	浦上	仁騎
松岡	亮輔	30	MF	DF	17	水谷	拓磨
久富	良輔	22	MF	MF	14	三田	尚希
姫野	宥弥	15	MF	MF	8	藤山	智史
水野	泰輔	7	MF	MF	24	坪川	潤之
稲積	大介	19	MF	MF	10	東	浩史
吉平	翼	27	FW	FW	22	吉田	伊吹
大石	治寿	9	FW	FW	13	佐野	翼
交代要員							
安藤	由翔	13	MF	DF	2	喜岡	佳太
谷澤	達也	14	MF	DF	29	川田	拳登
岩渕	良太	8	FW	MF	6	岩沼	俊介
森島	康仁	20	FW	MF	38	上米良柊人	
				FW	19	岡	佳樹

得点 なし
交代〔藤〕水野（63　谷澤）稲積（63　安藤）吉平（71　森島）大石（84　岩渕）〔長〕吉村（35　喜岡）東（46　岩沼）三田（64　上米良）坪川（81　川田）吉田（81　岡）
警告・退場〔藤〕稲積、森島〔長〕坪川、佐野
備考 新型コロナウイルス感染予防対策のため、制限付き（入場可能数の「50%以下」又は入場可能数が「20,000 人以上のスタジアムは 30%程度からの段階的な緩和」）での試合開催
※入場可能数や適用時期は主管クラブが決定

第 27 節▸Pikara スタジアム

away　11 月 15 日（日）13時 Kick off
入場者数／ 1,157人　天候／晴

カマタマーレ讃岐			AC 長野パルセイロ
1	0 前 1	1 後 1	2

服部	一輝	16	GK	GK	1	小澤	章人
キム ホヨン		28	DF	DF	20	吉村	弦
竹内	彬	30	DF	DF	5	広瀬	健太
西野	貴治	2	DF	DF	4	浦上	仁騎
岩本	和希	15	MF	DF	17	水谷	拓磨
森川	裕基	11	MF	MF	14	三田	尚希
下川	太陽	20	MF	MF	24	坪川	潤之
池谷	友喜	17	MF	MF	10	東	浩史
薩川	淳貴	4	MF	FW	15	佐相	壱明
重松健太郎		13	FW	FW	13	佐野	翼
ブラウンノア 賢信		26	FW	FW	22	吉田	伊吹
交代要員							
柳田	健太	23	DF	DF	2	喜岡	佳太
中村	亮	18	MF	DF	3	遠藤	元一
神谷	椋士	21	FW	MF	8	藤山	智史
				MF	38	上米良柊人	
				FW	19	岡	佳樹

得点〔讃〕重松（71）〔長〕佐野（38）水谷（49）
交代〔讃〕下川（59　神谷）薩川（59　柳田）池谷（78　中村）〔長〕佐野（46　藤山）吉村（59　遠藤）吉田（59　岡）東（78　上米良）上米良（90　喜岡）
警告・退場〔讃〕岩本〔長〕三田、佐相
備考 新型コロナウイルス感染予防対策のため、制限付き（入場可能数の「50%以下」又は入場可能数が「20,000 人以上のスタジアムは 30%程度からの段階的な緩和」）での試合開催
※入場可能数や適用時期は主管クラブが決定

第 26 節▸長野Uスタジアム

home　11 月 8 日（日）14時 Kick off
入場者数／ 3,661人　天候／晴

AC 長野パルセイロ			ブラウブリッツ秋田
0	0 前 0	0 後 0	0

小澤	章人	1	GK	GK	21	田中	雄大
吉村	弦	20	DF	DF	3	鈴木	準弥
広瀬	健太	5	DF	DF	5	千田	海人
浦上	仁騎	4	DF	DF	17	韓	浩康
遠藤	元一	3	DF	DF	6	輪笠	祐士
藤山	智史	8	MF	MF	8	茂	平
坪川	潤之	24	MF	MF	15	江口	直生
藤森	亮志	25	MF	MF	24	山田	尚幸
水谷	拓磨	17	MF	MF	11	久富	賢
岡	佳樹	19	FW	FW	9	中村	亮太
吉田	伊吹	22	FW	FW	29	齋藤	恵太
交代要員							
三田	尚希	14	MF	MF	20	青島	拓馬
佐相	壱明	15	FW	MF	22	沖野	将基
佐野	翼	13	FW	FW	16	井上	直輝
				FW	26	田中	直基

得点 なし
交代〔長〕岡（59　佐野）藤森（59　三田）吉村（82　佐相）〔秋〕齋藤（13　田中）久富（46　青島）中村（76　井上）茂（90+1　沖野）
警告・退場 なし
備考 新型コロナウイルス感染予防対策のため、制限付き（入場可能数の「50%以下」又は入場可能数が「20,000 人以上のスタジアムは 30%程度からの段階的な緩和」）での試合開催
※入場可能数や適用時期は主管クラブが決定

第 25 節▸ヤンマースタジアム長居

away　11 月 4 日（水）19時 Kick off
入場者数／ 431人　天候／晴

セレッソ大阪 U-23			AC 長野パルセイロ
1	0 前 1	1 後 2	3

上林	豪	50	GK	GK	21	立川小太郎	
西本	雅崇	38	DF	DF	20	吉村	弦
西尾	隆矢	43	DF	DF	2	喜岡	佳太
大橋	滉太	52	DF	DF	4	浦上	仁騎
西村	昴	55	DF	DF	3	遠藤	元一
喜田	陽	30	MF	MF	6	岩沼	俊介
前田	龍大	37	MF	MF	8	藤山	智史
松本	凪生	41	MF	MF	25	藤森	亮志
岡澤	昂星	53	MF	FW	15	佐相	壱明
ウェリング ピアス		24	FW	FW	13	佐野	翼
藤尾	翔太	42	FW	FW	19	岡	佳樹
交代要員							
吉田	有志	35	MF	DF	26	大桃	海斗
吉馴	空矢	44	MF	MF	24	坪川	潤之
新保	海鈴	48	FW	MF	7	妹尾	直哉
北野	颯太	59	FW	MF	38	上米良柊人	
				FW	22	吉田	伊吹

得点〔C大〕吉田（57）〔長〕佐相（34）藤森（46）佐相（54）
交代〔C大〕ウェリング（46　吉田）前田（60　北野）西本（74　新保）岡澤（85　吉馴）〔長〕藤森（55　妹尾）岡（55　吉田）佐相（63　上米良）藤山（63　坪川）佐野（74　大桃）
警告・退場 なし
備考 新型コロナウイルス感染予防対策のため、制限付き（入場可能数の「50%以下」又は入場可能数が「20,000 人以上のスタジアムは 30%程度からの段階的な緩和」）での試合開催
※入場可能数や適用時期は主管クラブが決定

第30節▶長野Uスタジアム

home　11月29日（日）14時 Kick off
入場者数／2,588人　天候／晴

AC長野パルセイロ 1		0 前 0 / 1 後 0			FC今治 0
立川小太郎	21	GK	GK	1	修行　智仁
吉村　弦	20	DF	DF	42	原田　亘
広瀬　健太	5	DF	DF	4	園田　拓也
浦上　仁騎	4	DF	DF	2	チョン ハンチョル
水谷　拓磨	17	DF	DF	22	上原　拓郎
坪川　潤之	24	MF	MF	7	山田　貴文
藤山　智史	8	MF	MF	25	楠美　圭史
三田　尚希	14	MF	MF	20	岡山　和輝
東　浩史	10	MF	MF	8	玉城　峻吾
佐相　壱明	15	FW	MF	27	橋本　英郎
吉田　伊吹	22	FW	FW	33	レオ ミネイロ
交代要員					
佐野　翼	13	FW	DF	3	駒野　友一
			FW	11	林　誠道
			FW	13	澤上　竜二

得点〔長〕東（80）
交代〔長〕佐相（60　佐野）〔今〕レオ　ミネイロ（74　林）山田（74　駒野）橋本（85　澤上）
警告・退場〔長〕坪川〔今〕チョン　ハンチョル（試合終了後）、楠美（退場）
備考 新型コロナウイルス感染予防対策のため、制限付き（入場可能数の「50%以下」又は入場可能数が「20,000 人以上のスタジアムは 30%程度からの段階的な緩和」）での試合開催
※入場可能数や適用時期は主管クラブが決定

第29節▶愛鷹広域公園多目的競技場

away　11月22日（日）13時 Kick off
入場者数／1,366人　天候／曇

アスルクラロ沼津 1		0 前 0 / 1 後 0			AC長野パルセイロ 0
長沢　祐弥	13	GK	GK	1	小澤　章人
尾崎瑛一郎	18	DF	DF	20	吉村　弦
大迫　暁	4	DF	DF	5	広瀬　健太
谷口　智紀	7	DF	DF	4	浦上　仁騎
藤嵜　智貴	2	DF	DF	17	水谷　拓磨
鈴木拳士郎	6	MF	MF	14	三田　尚希
菅井　拓也	15	MF	MF	8	藤山　智史
染矢　一樹	10	MF	MF	6	岩沼　俊介
前澤　甲気	11	MF	MF	24	坪川　潤之
普光院　誠	8	MF	FW	15	佐相　壱明
渡邉りょう	35	FW	FW	19	岡　佳樹
交代要員					
佐藤　尚輝	20	MF	DF	2	喜岡　佳太
中山　雄希	14	FW	MF	25	藤森　亮志
			MF	38	上米良柊人
			FW	23	大城　佑斗
			FW	22	吉田　伊吹

得点〔沼〕染矢（87）
交代〔沼〕鈴木（61　中山）染矢（88　佐藤）〔長〕岩沼（46　喜岡）佐相（46　吉田）岡（53　大城）三田（78　藤森）藤山（90　上米良）
警告・退場〔沼〕中山
備考 新型コロナウイルス感染予防対策のため、制限付き（入場可能数の「50%以下」又は入場可能数が「20,000 人以上のスタジアムは 30%程度からの段階的な緩和」）での試合開催
※入場可能数や適用時期は主管クラブが決定

第28節▶長野Uスタジアム

home　11月18日（水）19時 Kick off
入場者数／1,600人　天候／曇

AC長野パルセイロ 0		0 前 0 / 0 後 1			ガイナーレ鳥取 1
小澤　章人	1	GK	GK	13	田尻　健
吉村　弦	20	DF	DF	4	井上黎生人
喜岡　佳太	2	DF	DF	16	石井　光輝
浦上　仁騎	4	DF	MF	2	小牧　成亘
水谷　拓磨	17	DF	MF	7	可児　壮隆
三田　尚希	14	MF	MF	21	新井　泰貴
藤山　智史	8	MF	MF	27	坂井　大将
岩沼　俊介	6	MF	MF	20	安藤　一哉
東　浩史	10	MF	MF	8	三沢　直人
佐相　壱明	15	FW	MF	41	魚里　直哉
吉田　伊吹	22	FW	FW	11	大久保　優
交代要員					
広瀬　健太	5	DF	DF	15	上松　瑛
遠藤　元一	3	DF	MF	23	新井　光
藤森　亮志	25	MF	FW	10	フェルナンジーニョ
妹尾　直哉	7	MF	FW	17	田口　裕也
岡　佳樹	19	FW			

得点〔鳥〕新井光（90+4）
交代〔長〕東（46　藤森）佐相（61　遠藤）吉村（73　妹尾）三田（73　岡）喜岡（80　広瀬）〔鳥〕大久保（70　田口）坂井（81　フェルナンジーニョ）新井泰（81　新井光）小牧（81　上松）
警告・退場〔長〕藤森、水谷
備考 新型コロナウイルス感染予防対策のため、制限付き（入場可能数の「50%以下」又は入場可能数が「20,000 人以上のスタジアムは 30%程度からの段階的な緩和」）での試合開催
※入場可能数や適用時期は主管クラブが決定

第34節▶長野Uスタジアム

home　12月20日（日）13時 Kick off
入場者数／6,297人　天候／晴

AC長野パルセイロ 0		0 前 0 / 0 後 2			いわてグルージャ盛岡 2
立川小太郎	21	GK	GK	1	土井　康平
遠藤　元一	3	DF	DF	4	牟田　雄祐
広瀬　健太	5	DF	DF	3	藤井　航大
浦上　仁騎	4	DF	DF	8	脇本　晃成
水谷　拓磨	17	DF	MF	25	有永　一生
岩沼　俊介	6	MF	MF	5	石井　圭太
藤山　智史	8	MF	MF	39	小谷　光毅
三田　尚希	14	MF	MF	17	中村　太亮
東　浩史	10	MF	FW	6	モレラト
佐相　壱明	15	FW	FW	11	ブレンネル
吉田　伊吹	22	FW	FW	49	中野　雅臣
交代要員					
佐野　翼	13	FW	DF	22	佐々木翔悟
大城　佑斗	23	FW	MF	14	嫁阪　翔太
大桃　海斗	26	DF			
藤森　亮志	25	MF			

得点〔盛〕モレラト（55）嫁阪（85）
交代〔長〕佐相（46　佐野）岩沼（68　大城）佐野（83　大桃）東（89　藤森）〔盛〕有永（59　佐々木）モレラト（83　嫁阪）
警告・退場〔長〕遠藤、大桃〔盛〕佐々木、ブレンネル
備考 新型コロナウイルス感染予防対策のため、制限付き（入場可能数の「50%以下」又は入場可能数が「20,000 人以上のスタジアムは 30%程度からの段階的な緩和」）での試合開催
※入場可能数や適用時期は主管クラブが決定

第33節▶長野Uスタジアム

home　12月13日（日）14時 Kick off
入場者数／5,636人　天候／晴

AC長野パルセイロ 0		0 前 0 / 0 後 0			FC岐阜 0
立川小太郎	21	GK	GK	29	パク ソンス
遠藤　元一	3	DF	DF	22	柳澤　亘
広瀬　健太	5	DF	DF	4	甲斐健太郎
浦上　仁騎	4	DF	DF	27	イヨハ 理 ヘンリー
水谷　拓磨	17	DF	DF	2	橋本　和
三田　尚希	14	MF	MF	23	大西遼太郎
藤山　智史	8	MF	MF	8	中島　賢星
東　浩史	10	MF	MF	10	川西　翔太
佐相　壱明	15	MF	MF	35	レ　レ　ウ
吉田　伊吹	22	MF	FW	16	富樫　佑太
佐野　翼	13	FW	FW	9	高崎　寛之
交代要員					
喜岡　佳太	2	DF	DF	19	長倉　颯
岩沼　俊介	6	MF	MF	28	永島　悠史
大城　佑斗	23	FW	FW	7	村田　透馬
			FW	11	前田　遼一

得点　なし
交代〔長〕佐野（60　岩沼）佐相（71　喜岡）東（83　大城）〔岐〕中島（69　前田）富樫（69　村田）橋本（76　長倉）レレウ（82　永島）
警告・退場　なし
備考 新型コロナウイルス感染予防対策のため、制限付き（入場可能数の「50%以下」又は入場可能数が「20,000 人以上のスタジアムは 30%程度からの段階的な緩和」）での試合開催
※入場可能数や適用時期は主管クラブが決定

第32節▶パナソニックスタジアム吹田

away　12月9日（水）19時 Kick off
入場者数／462人　天候／曇

ガンバ大阪U-23 0		0 前 1 / 0 後 0			AC長野パルセイロ 1
一森　純	16	GK	GK	21	立川小太郎
奥野　耕平	26	DF	DF	20	吉村　弦
松田　陸	36	DF	DF	5	広瀬　健太
タビナス ジェファーソン	28	DF	DF	4	浦上　仁騎
黒川　圭介	24	DF	DF	17	水谷　拓磨
芝本　蓮	32	MF	MF	24	坪川　潤之
伊勢　航	43	MF	MF	8	藤山　智史
塚元　大	30	MF	MF	14	三田　尚希
川崎　修平	34	MF	MF	10	東　浩史
高木　大輔	20	FW	FW	15	佐相　壱明
唐山　翔自	38	FW	FW	22	吉田　伊吹
交代要員					
中村　仁郎	42	MF	DF	2	喜岡　佳太
菅野　隆星	44	MF	DF	3	遠藤　元一
村上　景司	45	MF	MF	6	岩沼　俊介
			FW	23	大城　佑斗
			FW	13	佐野　翼

得点〔長〕三田（40）
交代〔G大〕高木（46　中村）伊勢（52　菅野）黒川（78　村上）〔長〕坪川（25　岩沼）佐相（63　大城）吉村（63　遠藤）東（80　佐野）藤山（80　喜岡）
警告・退場　なし
備考 新型コロナウイルス感染予防対策のため、制限付き（入場可能数の「50%以下」又は入場可能数が「20,000 人以上のスタジアムは 30%程度からの段階的な緩和」）での試合開催
※入場可能数や適用時期は主管クラブが決定

第31節▶ニッパツ三ツ沢球技場

away　12月6日（日）13時 Kick off
入場者数／1,065人　天候／晴

Y.S.C.C.横浜 1		0 前 1 / 1 後 2			AC長野パルセイロ 3
大内　一生	1	GK	GK	21	立川小太郎
宮尾　孝一	7	DF	DF	20	吉村　弦
秋葉　信秀	32	DF	DF	5	広瀬　健太
池ヶ谷颯斗	5	DF	DF	4	浦上　仁騎
船橋　勇真	23	DF	DF	17	水谷　拓磨
柳　雄太郎	10	MF	MF	24	坪川　潤之
土館　賢人	4	MF	MF	8	藤山　智史
佐藤　祐太	6	MF	MF	14	三田　尚希
オニエ オゴチュクウ	28	MF	MF	7	妹尾　直哉
音泉　翔眞	18	FW	FW	15	佐相　壱明
宮本　拓弥	11	FW	FW	19	岡　佳樹
交代要員					
花房　稔	2	DF	DF	3	遠藤　元一
田場 ディエゴ	20	MF	MF	6	岩沼　俊介
山本凌太郎	21	MF	MF	10	東　浩史
大泉　和也	9	FW	FW	13	佐野　翼
ピーダーセン 世穏	15	FW			

得点〔横〕宮本（55）〔長〕三田（42）オウンゴール（59）佐相（86）
交代〔横〕オニエ（59　大泉）音泉（79　ピーダーセン）船橋（79　山本）柳（79　田場）秋葉（87　花房）〔長〕妹尾（46　佐野）岡（59　東）吉村（76　遠藤）三田（90'+2　岩沼）
警告・退場〔横〕大泉、花房〔長〕東、藤山
備考 新型コロナウイルス感染予防対策のため、制限付き（入場可能数の「50%以下」又は入場可能数が「20,000 人以上のスタジアムは 30%程度からの段階的な緩和」）での試合開催
※入場可能数や適用時期は主管クラブが決定

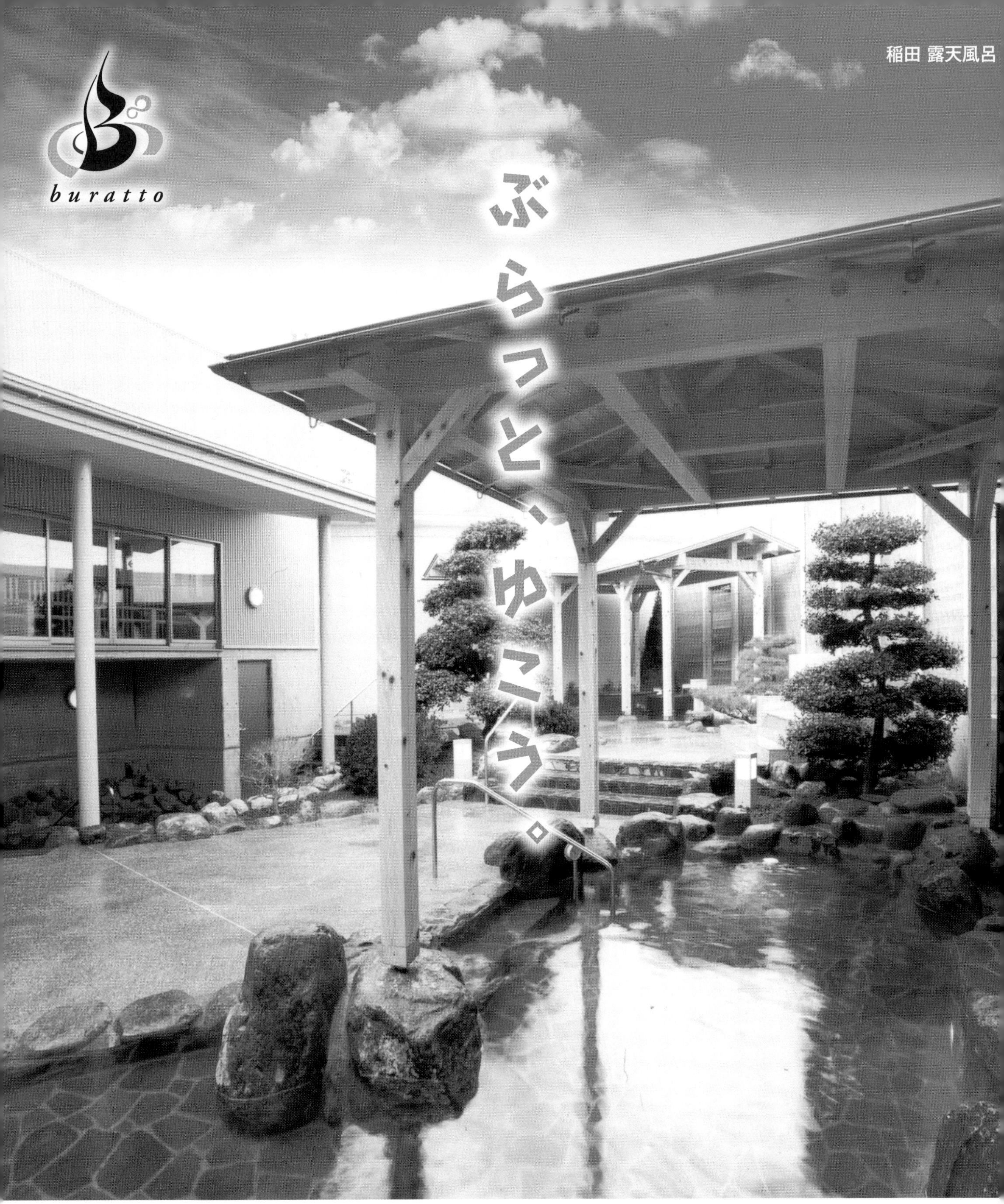
稲田 露天風呂
buratto
ぶらっと、ゆこう。

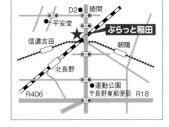

皇后杯　なでしこ2部　2020 公式戦全記録

プレナスなでしこリーグ2部

第4節▸長野Uスタジアム

home　8月8日(土) 17時 kick off
入場者数/789人　天候/曇

AC長野パルセイロレディース				スフィーダ世田谷FC
	1	前	1	
1	0	後	0	1

池ヶ谷夏美	1	GK	GK	1	石野妃芽佳
五嶋　京香	3	DF	DF	17	根本　彩夏
大河内友貴	5	DF	DF	15	渡辺　瑞稀
肝付　萌	17	DF	DF	2	戸田　歩
池田　玲奈	4	DF	DF	16	奈良美沙季
大久保　舞	6	MF	MF	25	瀬野　有希
岡本　祐花	26	MF	MF	27	三本紗矢香
住永　楽夢	8	MF	MF	20	樫本　芹菜
三谷沙也加	11	MF	FW	22	村上　真生
中村　恵実	9	FW	FW	10	大竹　麻友
泊　志穂	14	FW	FW	11	長崎　茜
交代要員					
藤田　理子	19	DF	DF	3	原　志帆
瀧澤　千聖	7	MF	MF	5	柏原　美羽
小泉　綾乃	25	MF	MF	13	金子　ゆい
川船　暁海	27	FW	FW	8	熊谷　汐華
			FW	9	堀江　美月

得点〔長〕中村(22)〔世〕樫本(1)
交代〔長〕泊(HT　川船)中村(55　瀧澤)三谷(77　藤田)住永(90+2　小泉)〔世〕大竹(72　堀江)樫本(76　柏原)村上(76　熊谷)奈良(90+4　原)三本(90+4　金子)
警告・退場〔長〕大久保

第3節▸長野Uスタジアム

home　8月1日(土) 17時 kick off
入場者数/781人　天候/晴

AC長野パルセイロレディース				ASハリマアルビオン
	0	前	0	
0	0	後	1	1

池ヶ谷夏美	1	GK	GK	21	垣内　愛菜
大河内友貴	5	DF	DF	8	武田　裕季
五嶋　京香	3	DF	DF	19	恒益　奉実
肝付　萌	17	DF	DF	2	沼田　倫子
池田　玲奈	4	DF	MF	5	小池　快
岡本　祐花	26	MF	MF	9	中野　里乃
住永　楽夢	8	MF	MF	6	髙畑　志帆
瀧澤　千聖	7	MF	FW	15	杉田　めい
三谷沙也加	11	MF	FW	13	沖野くれあ
中村　恵実	94	FW	FW	10	千葉　園子
泊　志穂	14	FW	FW	11	巴月　優希
交代要員					
野口　美也	2	DF	DF	3	須永　愛海
大久保　舞	6	MF	MF	4	小島和希子
村上日奈子	20	FW	FW	22	長澤　優芽
川船　暁海	27	FW	FW	32	坂田　絵里

得点〔ハ〕オウンゴール(90+3)
交代〔長〕中村(59　川船)三谷(70　村上)瀧澤(83　大久保)泊(83　野口)〔ハ〕杉田(57　坂田)巴月(57　須永)沖野(60　長澤)中野(85　小島)
警告・退場〔ハ〕沖野

第2節▸国際武道大学サッカーグラウンド

away　7月25日(土) 18時 kick off
入場者数/0人　天候/雨

オルカ鴨川FC				AC長野パルセイロレディース
	0	前	0	
0	0	後	0	0

清水　栞	26	GK	GK	1	池ヶ谷夏美
齋藤　敏子	15	DF	DF	3	五嶋　京香
新井　純奈	21	DF	DF	5	大河内友貴
鶴見　綾香	4	DF	DF	17	肝付　萌
中田　有紀	22	DF	DF	4	池田　玲奈
深澤　里沙	8	MF	MF	7	瀧澤　千聖
正野可菜子	19	MF	MF	8	住永　楽夢
近賀ゆかり	10	MF	MF	26	岡本　祐花
中嶋　淑乃	17	MF	MF	11	三谷沙也加
齊藤　彩花	20	FW	FW	9	中村　恵実
浦島　里紗	7	FW	FW	14	泊　志穂
交代要員					
南山　千明	6	MF	DF	2	野口　美也
松長　佳恵	5	MF	DF	19	藤田　理子
村岡　真実	9	FW	FW	20	村上日奈子
			FW	27	川船　暁海

得点　なし
交代〔鴨〕深澤(61　松長)齊藤彩(61　村岡)中嶋(76　南山)〔長〕泊(HT　川船)中村(60　村上)瀧澤(81　野口)三谷(86　藤田)
警告・退場　なし
備考　新型コロナウイルス感染予防対策のため、無観客での試合開催

第1節▸長野Uスタジアム

home　7月19日(日) 16時 kick off
入場者数/0人　天候/晴

AC長野パルセイロレディース				ちふれASエルフェン埼玉
	0	前	0	
0	0	後	1	1

池ヶ谷夏美	1	GK	GK	1	浅野　菜摘
大河内友貴	5	DF	DF	10	高野　紗希
五嶋　京香	3	DF	DF	14	西澤日菜乃
原　海七	15	DF	DF	2	木下　栞
池田　玲奈	4	DF	DF	5	木﨑あおい
住永　楽夢	8	MF	MF	8	河野　朱里
岡本　祐花	26	MF	MF	11	長野　風花
三谷沙也加	11	MF	MF	23	中村ゆしか
瀧澤　千聖	7	MF	MF	6	田嶋みのり
泊　志穂	14	FW	MF	28	上辻　佑実
中村　恵実	9	FW	FW	18	荒川恵理子
交代要員					
野口　美也	2	DF	DF	3	松井　彩乃
肝付　萌	17	DF	MF	29	祐村ひかる
藤田　理子	19	DF	MF	13	吉谷　茜音
川船　暁海	27	FW			

得点〔埼〕田嶋(64)
交代〔長〕中村(62　川船)岡本(71　肝付)泊(80　野口)原(80　藤田)〔埼〕荒川(60　祐村)中村(77　松井)河野(88　吉谷)
警告・退場〔長〕中村
備考　新型コロナウイルス感染予防対策のため、無観客での試合開催

第8節▶サンガスタジアム by KYOCERA

away 9月6日(日) 14時 kick off
入場者数 / 211人 天候 / 晴時々曇

バニーズ 京都 SC	0	前	1	AC長野パルセイロ レディース
0	0	後	2	3

後長 美咲	21	GK	GK	1	池ヶ谷夏美
小池 真理	24	DF	DF	17	肝付 萌
佐賀 実鈴	6	DF	DF	3	五嶋 京香
加戸 由佳	16	DF	DF	5	大河内友貴
酒井 望	20	DF	DF	19	藤田 理子
吉田 早紀	18	MF	MF	8	住永 楽夢
松田 望	10	MF	MF	6	大久保 舞
野間文美加	2	MF	MF	7	瀧澤 千聖
向井 彩香	26	MF	MF	26	岡本 祐花
谷口木乃実	9	MF	MF	11	三谷沙也加
中村 未波	8	FW	FW	9	中村 恵実
交代要員					
上田 寿里	3	DF	GK	21	伊藤有里彩
渡辺 彩香	14	MF	DF	4	池田 玲奈
平原 花珠	30	MF	MF	25	小泉 綾乃
林 咲希	11	MF	FW	14	泊 志穂
佐藤 莉奈	13	FW	FW	27	川船 暁海

得点〔長〕住永(34、61)川船(76)
交代〔京〕向井(HT 林)中村(HT 佐藤)酒井(68 渡辺)吉田(68 平原)加戸(81 上田)〔長〕三谷(62 池田)中村(62 泊)岡本(73 川船)池ヶ谷(87 伊藤)住永(87 小泉)
警告・退場 なし

第7節▶佐久総合運動公園陸上競技場

home 8月30日(日) 16時 kick off
入場者数 / 356人 天候 / 曇

AC長野パルセイロ レディース	0	前	1	大和 シルフィード
0	0	後	0	1

池ヶ谷夏美	1	GK	GK	16	田中 桃子
肝付 萌	17	DF	DF	15	櫻林亜佐子
五嶋 京香	3	DF	DF	4	岸 みのり
大河内友貴	5	DF	DF	17	西山 春香
藤田 理子	19	DF	DF	23	菅能 夏海
大久保 舞	6	MF	MF	9	松浦 渚
岡本 祐花	26	MF	MF	13	榎谷 岬
住永 楽夢	8	MF	MF	18	濱本まりん
瀧澤 千聖	7	MF	MF	27	本間 麻椰
泊 志穂	14	FW	FW	5	小針 舞夏
中村 恵実	9	FW	FW	11	堀 良江
交代要員					
池田 玲奈	4	DF	MF	8	大家 梨緒
小泉 綾乃	25	MF	MF	26	冨山 瞳
中貝 夢	23	FW	FW	24	新田 寿瑞

得点〔大〕西山(11)
交代〔長〕泊(74 小泉)中村(81 池田)瀧澤(90 中貝)〔大〕堀(73 新田)本間(85 大家)濱本(90+3 冨山)
警告・退場 なし

第6節▶熊谷スポーツ文化公園陸上競技場

away 8月23日(日) 17時 kick off
入場者数 / 176人 天候 / 曇

FC 十文字 VENTUS	0	前	4	AC長野パルセイロ レディース
0	0	後	1	5

三木 良美	21	GK	GK	22	新井 翠
冨田 美波	3	DF	DF	17	肝付 萌
小島 未愛	28	DF	DF	5	大河内友貴
日野 李保	4	DF	DF	3	五嶋 京香
堰 愛季	6	MF	DF	19	藤田 理子
上津原千賀	27	MF	MF	8	住永 楽夢
花桐なおみ	5	MF	MF	6	大久保 舞
内田 好美	14	MF	MF	26	岡本 祐花
島村友妃子	26	FW	MF	11	三谷沙也加
杉原 遥波	9	FW	MF	7	瀧澤 千聖
小島ひかる	11	FW	FW	9	中村 恵実
交代要員					
村社 汐理	2	MF	DF	2	野口 美也
井原 美波	7	MF	DF	4	池田 玲奈
又吉 果奈	13	MF	MF	29	西林 里恵
海老澤桃子	18	FW	FW	14	泊 志穂
菅野 永遠	22	FW	FW	27	川船 暁海

得点〔長〕中村(30、33)瀧澤(34)大久保(37)三谷(67)
交代〔十〕上津原(55 村社)小島(55 海老澤)花桐(73 又吉)内田(73 菅野)小島(87 井原)〔長〕中村(58 泊)岡本(67 西林)瀧澤(67 川船)大河内(83 池田)三谷(83 野口)
警告・退場 なし

第5節▶日産フィールド小机

away 8月15日(土) 15時 kick off
入場者数 / 90人 天候 / 晴

日体大 FIELDS 横浜	0	前	1	AC長野パルセイロ レディース
1	1	後	2	3

福田 まい	30	GK	GK	1	池ヶ谷夏美
毛利 美佑	6	DF	DF	17	肝付 萌
橋谷 優里	3	DF	DF	3	五嶋 京香
関口 真衣	4	DF	DF	5	大河内友貴
富岡 千宙	5	DF	DF	4	池田 玲奈
髙橋 恵美	22	MF	MF	8	住永 楽夢
下山 莉子	2	MF	MF	6	大久保 舞
渡邊 真衣	8	MF	MF	26	岡本 祐花
高原 天音	26	MF	MF	7	瀧澤 千聖
目原 莉奈	18	FW	MF	11	三谷沙也加
嶋田 千秋	10	FW	FW	9	中村 恵実
交代要員					
金平 莉紗	20	DF	DF	2	野口 美也
江﨑 杏那	11	MF	DF	19	藤田 理子
			MF	29	西林 里恵
			FW	14	泊 志穂
			FW	27	川船 暁海

得点〔日〕関口(49)〔長〕中村(4)泊(82)泊(90+4)
交代〔日〕橋谷(HT 金平)髙橋(68 江﨑)〔長〕瀧澤(58 川船)中村(58 泊)池田(79 藤田)岡本(90+2 西林)川船(90+2 野口)
警告・退場 なし

第12節▶AGFフィールド

away 10月3日(土) 14時 kick off
入場者数 / 275人 天候 / 曇

スフィーダ 世田谷 FC	1	前	0	AC長野パルセイロ レディース
2	1	後	0	0

石野妃芽佳	1	GK	GK	1	池ヶ谷夏美
根本 彩夏	17	DF	DF	17	肝付 萌
渡辺 瑞稀	15	DF	DF	3	五嶋 京香
戸田 歩	2	DF	DF	5	大河内友貴
奈良美沙季	16	DF	DF	4	池田 玲奈
瀬野 有希	25	MF	MF	6	大久保 舞
長﨑 茜	11	MF	MF	26	岡本 祐花
三本紗矢香	27	MF	MF	8	住永 楽夢
樫本 芹菜	20	MF	MF	7	瀧澤 千聖
大竹 麻友	10	FW	MF	11	三谷沙也加
堀江 美月	9	FW	FW	9	中村 恵実
交代要員					
柏原 美羽	5	MF	DF	19	藤田 理子
金子 ゆい	13	MF	MF	29	西林 里恵
中山さつき	7	FW	FW	18	小山由梨奈
安田祐美乃	19	FW	FW	27	川船 暁海
			FW	14	泊 志穂

得点〔世〕大竹(18、47)
交代〔世〕堀江(64 中山)長﨑(80 柏原)樫本(80 安田)三本(90+2 金子)〔長〕中村(59 川船)岡本(75 藤田)住永(75 泊)三谷(85 小山)川船(85 西林)
警告・退場 なし

第11節▶長野Uスタジアム

home 9月27日(日) 16時 kick off
入場者数 / 1,002人 天候 / 晴

AC長野パルセイロ レディース	1	前	2	オルカ鴨川FC
1	0	後	0	2

池ヶ谷夏美	1	GK	GK	1	國香 想子
肝付 萌	17	DF	DF	24	渡部 那月
五嶋 京香	3	DF	DF	4	鶴見 綾香
大河内友貴	5	DF	DF	21	新井 純奈
池田 玲奈	4	DF	DF	22	中田 有紀
大久保 舞	6	MF	MF	10	近賀ゆかり
岡本 祐花	26	MF	MF	5	松長 佳恵
住永 楽夢	8	MF	MF	7	浦島 里紗
瀧澤 千聖	7	MF	FW	8	深澤 里沙
三谷沙也加	11	MF	FW	6	南山 千明
中村 恵実	9	FW	FW	17	中嶋 淑乃
交代要員					
野口 美也	2	DF	MF	19	正野可菜子
藤田 理子	19	DF	FW	9	村岡 真実
泊 志穂	14	FW			
小山由梨奈	18	FW			

得点〔長〕大久保(25)〔鴨〕中嶋(16、20)
交代〔長〕中村(HT 泊)岡本(84 小山)肝付(90 藤田)三谷(90 野口)〔鴨〕南山(HT 村岡)松長(90+1 正野)
警告・退場〔鴨〕松長、浦島

第10節▶長野Uスタジアム

home 9月20日(日) 18時 kick off
入場者数 / 1,108人 天候 / 曇

AC長野パルセイロ レディース	0	前	0	ニッパツ横浜FC シーガルズ
0	0	後	0	0

池ヶ谷夏美	1	GK	GK	1	望月ありさ
肝付 萌	17	DF	DF	2	高村ちさと
五嶋 京香	3	DF	DF	3	長嶋 洸
大河内友貴	5	DF	DF	17	坂本 理保
藤田 理子	19	DF	DF	8	宮下 七海
大久保 舞	6	MF	MF	26	小林ひなた
岡本 祐花	26	MF	MF	14	大島 瑞稀
住永 楽夢	8	MF	MF	16	小須田璃菜
三谷沙也加	11	MF	MF	13	内田 美鈴
瀧澤 千聖	7	FW	MF	20	小原由梨愛
中村 恵実	9	FW	FW	9	髙橋美夕紀
交代要員					
野口 美也	2	DF	DF	18	須恵裕貴子
池田 玲奈	4	DF	MF	7	山本 絵美
泊 志穂	14	FW	MF	24	久永 望生
			FW	27	沖野るせり

得点 なし
交代〔長〕中村(76 泊)三谷(84 池田)住永(90 野口)〔横〕内田(36 山本)小林(73 沖野)大島(88 久永)小原(88 須恵)
警告・退場 なし

第9節▶栃木県グリーンスタジアム

away 9月12日(土) 16時 kick off
入場者数 / 210人 天候 / 雨のち曇

ちふれ AS エルフェン埼玉	1	前	1	AC長野パルセイロ レディース
1	0	後	1	2

浅野 菜摘	1	GK	GK	1	池ヶ谷夏美
高野 紗希	10	DF	DF	17	肝付 萌
西澤日菜乃	14	DF	DF	3	五嶋 京香
木下 栞	2	DF	DF	5	大河内友貴
木﨑あおい	5	DF	DF	19	藤田 理子
祐村ひかる	29	MF	MF	8	住永 楽夢
上辻 佑実	28	MF	MF	6	大久保 舞
長野 風花	11	MF	MF	26	岡本 祐花
田嶋みのり	6	MF	MF	7	瀧澤 千聖
河野 朱里	8	FW	MF	11	三谷沙也加
中村ゆしか	23	FW	FW	9	中村 恵実
交代要員					
吉谷 茜音	13	MF	DF	2	野口 美也
山本菜桜美	9	FW	FW	14	泊 志穂
荒川恵理子	18	FW	FW	27	川船 暁海

得点〔埼〕河野(6)〔長〕中村(16)藤田(83)
交代〔埼〕中村(63 荒川)祐村(75 吉谷)上辻(85 山本)〔長〕中村(63 泊)瀧澤(90 野口)三谷(90+3 川船)
警告・退場 なし

プレナスなでしこリーグ２部

第16節▶長野Uスタジアム
home　11月1日(日) 13時 kick off
入場者数/1,644人　天候/曇

AC長野パルセイロレディース				バニーズ京都SC
	0	前	1	
1	1	後	0	1

池ヶ谷夏美	1	GK	GK	21	後長 美咲
肝付 萌	17	DF	DF	29	大西 歩花
大河内友貴	5	DF	DF	6	佐賀 実鈴
五嶋 京香	3	DF	DF	2	野間文美加
池田 玲奈	4	DF	DF	14	渡辺 彩香
住永 楽夢	8	MF	MF	11	林 咲希
大久保 舞	6	MF	MF	26	向井 彩香
三谷沙也加	11	MF	MF	7	小川くるみ
岡本 祐花	26	MF	MF	9	谷口木乃実
瀧澤 千聖	7	FW	FW	10	松田 望
中村 恵実	9	FW	FW	16	加戸 由佳
交代要員					
野口 美也	2	DF	MF	18	吉田 早紀
山岸 夢歩	16	MF	FW	13	佐藤 莉奈
中貝 夢	23	FW			
川船 暁海	27	FW			
泊 志穂	14	FW			

得点〔長〕川船(86)［京］渡辺(17)
交代〔長〕瀧澤(HT　川船)中村(HT　中貝)肝付(81　野口)住永(81　山岸)川船(87　泊)〔京〕林(78　吉田)松田(90+2　佐藤)
警告・退場　なし

第15節▶大和なでしこスタジアム
away　10月25日(日) 13時 kick off
入場者数/330人　天候/晴

大和シルフィード				AC長野パルセイロレディース
	0	前	1	
0	0	後	0	1

田中 桃子	16	GK	GK	1	池ヶ谷夏美
菅能 夏海	23	DF	DF	17	肝付 萌
岸 みのり	4	DF	DF	5	大河内友貴
宮本 真緒	20	DF	DF	3	五嶋 京香
櫻林亜佐子	15	DF	DF	4	池田 玲奈
松浦 渚	9	MF	MF	11	三谷沙也加
榎谷 岬	13	MF	MF	6	大久保 舞
濱本まりん	18	MF	MF	8	住永 楽夢
本間 麻椰	27	MF	MF	23	中貝 夢
小針 舞夏	5	FW	MF	26	岡本 祐花
堀 良江	11	FW	FW	14	泊 志穂
交代要員					
西山 春香	17	DF	DF	2	野口 美也
冨山 瞳	26	MF	DF	19	藤田 理子
中野ひかり	19	MF	MF	29	西林 里恵
大家 梨緒	8	MF	FW	18	小山由梨奈
新田 寿瑞	24	FW			

得点〔長〕岡本(24)
交代〔大〕堀(HT　中野)松浦(70　大家)小針(70　新田)菅能(83　西山)濱本(90+4　冨山)〔長〕中貝(51　小山)泊(73　西林)池田(90+2　藤田)小山(90+2　野口)
警告・退場　なし

第14節▶長野Uスタジアム
home　10月17日(土) 13時 kick off
入場者数/930人　天候/雨

AC長野パルセイロレディース				FC十文字VENTUS
	0	前	0	
1	1	後	0	0

池ヶ谷夏美	1	GK	GK	29	ミケイラ クレゾフスキー
肝付 萌	17	DF	DF	3	冨田 美波
大河内友貴	5	DF	DF	28	小島 未愛
五嶋 京香	3	DF	DF	4	日野 李保
池田 玲奈	4	DF	DF	14	内田 好美
住永 楽夢	8	MF	MF	18	海老澤桃子
大久保 舞	6	MF	MF	13	又吉 果奈
三谷沙也加	11	MF	MF	6	堰 愛季
泊 志穂	14	FW	MF	26	島村友妃子
瀧澤 千聖	7	FW	MF	11	小島ひかる
中村 恵実	9	FW	FW	9	杉原 遥波
交代要員					
野口 美也	2	DF	MF	22	菅野 永遠
岡本 祐花	26	MF	FW	17	山田 彩未
小山由梨奈	18	FW			
川船 暁海	27	FW			

得点〔長〕岡本(84)
交代〔長〕泊(HT　岡本)中村(62　川船)瀧澤(83　小山)三谷(90+2　野口)〔十〕杉原(85　山田)海老澤(90+1　菅野)
警告・退場〔十〕山田

第13節▶長野Uスタジアム
home　10月10日(土) 15時 kick off
入場者数/684人　天候/曇

AC長野パルセイロレディース				日体大FIELDS横浜
	1	前	0	
2	1	後	0	0

池ヶ谷夏美	1	GK	GK	12	伊能 真弥
肝付 萌	17	DF	DF	5	富岡 千宙
五嶋 京香	3	DF	DF	20	金平 莉紗
大河内友貴	5	DF	DF	4	関口 真衣
池田 玲奈	4	DF	DF	6	毛利 美佑
住永 楽夢	8	MF	MF	22	髙橋恵美理
大久保 舞	6	MF	MF	8	渡邊 真衣
岡本 祐花	26	MF	MF	24	田村かのん
三谷沙也加	11	MF	MF	17	森田美紗希
瀧澤 千聖	7	FW	FW	11	江﨑 杏那
中村 恵実	9	FW	FW	10	嶋田 千秋
交代要員					
西林 里恵	29	MF	MF	26	高原 天音
中貝 夢	23	FW	FW	14	沖土居咲希
川船 暁海	27	FW	FW	31	寺尾 星奈
泊 志穂	14	FW			

得点〔長〕中村(22)肝付(68)
交代〔長〕中村(59　泊)岡本(75　中貝)住永(87　西林)瀧澤(87　川船)〔日〕田村(HT　沖土居)髙橋(70　寺尾)江﨑(84　高原)
警告・退場　なし

皇后杯

2回戦▶カンセキスタジアムとちぎ
12月6日(日) 11時 kick off
入場者数/395人　天候/晴

ニッパツ横浜FCシーガルズ				AC長野パルセイロレディース
	0	前	0	
	0	後	0	
	0	延長前半	0	
1	1	延長後半	0	0

望月ありさ	1	GK	GK	1	池ヶ谷夏美
高村ちさと	2	DF	DF	3	五嶋 京香
長嶋 洸	3	DF	DF	4	池田 玲奈
宮下 七海	8	DF	DF	5	大河内友貴
坂本 理保	17	DF	MF	6	大久保 舞
小原由梨愛	20	DF	MF	7	瀧澤 千聖
権野 貴子	6	MF	MF	8	住永 楽夢
小須田璃菜	16	MF	MF	11	三谷沙也加
小林ひなた	26	MF	MF	17	肝付 萌
髙橋美夕紀	9	FW	MF	26	岡本 祐花
内田 美鈴	13	FW	FW	23	中貝 夢
交代要員					
大島 瑞稀	14	DF	DF	2	野口 美也
山本 絵美	7	MF	MF	25	小泉 綾乃
須恵裕貴子	18	MF	MF	29	西林 里恵
平川 杏奈	11	FW	FW	14	泊 志穂

得点〔横〕髙橋(111)
交代〔横〕小原(67　大島)内田(67　平川)高村(90+2　山本)小林(延後前　須恵)〔長〕中貝(59　泊)大河内(78　野口)住永(88　西林)岡本(99　小泉)
警告・退場　なし

1回戦▶テクノポート福井スタジアム
11月28日(土) 13時30分 kick off
入場者数/99人　天候/曇

AC長野パルセイロレディース				JFAアカデミー福島
	1	前	0	
2	1	後	0	0

新井 翠	22	GK	GK	1	大場 朱羽
五嶋 京香	3	DF	DF	2	城和 怜奈
池田 玲奈	4	DF	DF	4	石川 璃音
大河内友貴	5	DF	DF	16	林 愛花
藤田 理子	19	DF	DF	17	佐々木里緒
大久保 舞	6	MF	MF	8	渡部 麗
瀧澤 千聖	7	MF	MF	10	伊藤めぐみ
住永 楽夢	8	MF	MF	13	濱野穂乃香
三谷沙也加	11	MF	MF	14	松窪 真心
岡本 祐花	26	MF	MF	15	内村 心優
中貝 夢	23	FW	FW	9	太田 萌咲
交代要員					
野口 美也	2	DF	GK	12	服部西汐香
肝付 萌	17	MF	DF	3	佐藤 朱莉
小泉 綾乃	25	MF	DF	25	古賀 塔子
泊 志穂	14	FW	FW	20	谷川萌々子
川船 暁海	27	FW			

得点〔長〕中貝(5)岡本(84)
交代〔長〕藤田(HT　肝付)岡本(88　小泉)中貝(88　川船)池田(90+5　野口)瀧澤(90+5　泊)〔福〕濱野(39　谷川)内村(HT　古賀)太田(74　佐藤)大場(90　服部)
警告・退場〔長〕大久保

プレナスなでしこリーグ２部

第18節▶日産フィールド小机
away　11月15日(日) 13時 kick off
入場者数/172人　天候/晴

ニッパツ横浜FCシーガルズ				AC長野パルセイロレディース
	1	前	0	
1	0	後	0	0

望月ありさ	1	GK	GK	1	池ヶ谷夏美
高村ちさと	2	DF	DF	17	肝付 萌
長嶋 洸	3	DF	DF	5	大河内友貴
坂本 理保	17	DF	DF	3	五嶋 京香
宮下 七海	8	DF	DF	19	藤田 理子
大島 瑞稀	14	MF	MF	11	三谷沙也加
小林ひなた	26	MF	MF	6	大久保 舞
小須田璃菜	16	MF	MF	8	住永 楽夢
内田 美鈴	13	MF	MF	26	岡本 祐花
山本 絵美	7	FW	FW	7	瀧澤 千聖
髙橋美夕紀	9	FW	FW	18	小山由梨奈
交代要員					
権野 貴子	6	MF	DF	2	野口 美也
小原由梨愛	20	MF	DF	4	池田 玲奈
平川 杏奈	11	FW	MF	29	西林 里恵
			FW	14	泊 志穂
			FW	23	中貝 夢

得点〔横〕髙橋(16)
交代〔横〕大島(65　小原)山本(72　平川)内田(88　権野)〔長〕小山(HT　中貝)大久保(69　泊)住永(80　西林)岡本(80　野口)瀧澤(90+2　池田)
警告・退場　なし

第17節▶ウインク陸上競技場
away　11月7日(土) 13時 kick off
入場者数/414人　天候/雨時々曇

ASハリマアルビオン				AC長野パルセイロレディース
	1	前	0	
1	0	後	2	2

垣内 愛菜	21	GK	GK	21	伊藤有里彩
沼田 倫子	2	DF	DF	17	肝付 萌
武田 裕季	8	DF	DF	3	五嶋 京香
恒益 奉実	19	DF	DF	5	大河内友貴
杉田 めい	15	DF	DF	4	池田 玲奈
小池 快	5	MF	MF	8	住永 楽夢
中野 里乃	9	MF	MF	6	大久保 舞
髙畑 志帆	6	MF	MF	11	三谷沙也加
巴月 優希	11	FW	MF	26	岡本 祐花
新堀 華波	20	FW	FW	23	中貝 夢
千葉 園子	10	FW	FW	27	川船 暁海
交代要員					
小島和希子	4	MF	DF	2	野口 美也
長澤 優芽	22	MF	DF	19	藤田 理子
坂田 絵里	32	FW	MF	7	瀧澤 千聖
			FW	9	中村 恵実

得点〔ハ〕恒益(28)〔長〕中村(62)中村(69)
交代〔ハ〕巴月(72　長澤)中野(82　坂田)沼田(89　小島)〔長〕中貝(HT　中村)川船(55　瀧澤)池田(89　藤田)住永(89　野口)
警告・退場　なし

AC長野パルセイロ 公式グラフ2020

2021年1月30日　初版発行

編　者　信濃毎日新聞社
発　行　信濃毎日新聞社
〒380-8546　長野市南県町657
メディア局出版部　TEL026-236-3377
地域スポーツ推進部　TEL026-236-3385
長野本社広告部　TEL026-236-3333
印刷製本　株式会社日商印刷

定　価　本体1200円+税

落丁・乱丁は送料弊社負担でお取り替えいたします。
ISBN978-4-7840-7377-1 C0075

取　材　信濃毎日新聞社編集局／地域スポーツ推進部

協　力　株式会社長野パルセイロ・アスレチッククラブ

ブックデザイン　酒井隆志／髙﨑伸也

編　集　信濃毎日新聞社出版部

写真提供　塚田裕文　岐阜新聞社
Jリーグ　新日本海新聞社
東奥日報社　四国新聞社
秋田魁新報社　愛媛新聞社
岩手日報社　熊本日日新聞社
福島民報社　南日本新聞社

＊記事中の日時、肩書、事実等は各試合や新聞掲載当時のものです。